圖書在版編目（CIP）數據

中國古典四大名劇 /（元）王實甫等著；青山選編．—鄭州：中州古籍出版社，2015.8（2021.5 重印）
ISBN 978-7-5348-5230-5

Ⅰ．①中… Ⅱ．①王… ②青… Ⅲ．①雜劇—劇本—中國—元代②傳奇劇（戲曲）—劇本—作品集—中國—明清時代 Ⅳ．①I237

中國版本圖書館 CIP 數據核字 (2015) 第 051461 號

中國古典四大名劇（一函四册）
選　　編：青　山
策　　劃：張存威　胡慶魁
責任編輯：閔世勇　張　佳　員蒙蒙
裝幀設計：王　歌
出版發行：中州古籍出版社
地　　址：鄭州市鄭東新區祥盛街二七號
郵　　編：四五〇〇一六
電　　話：〇三七一六五七八八六九三
印　　刷：運城市古籍印務有限公司
版　　次：二〇一五年八月第一版
印　　次：二〇二一年五月第八次印刷
印　　數：三八〇一——四一〇〇册
定　　價：三九〇圓

ISBN 7-5348-5230-5
01>
9 787534 852305

中國古典四大名劇

西廂記

中州古籍出版社

前言

在我國絢麗多姿的藝術百花園中，戲曲是一門影響廣泛、極具民族特色的藝術形式。我國的古代戲曲源遠流長，與古希臘悲喜劇、印度梵劇並稱為世界三大古劇。從北宋中葉正式形成，先後經歷了宋元南戲、元代雜劇、明清傳奇、清代中後期花部等發展階段。在這數百年的發展進程中，出現了一大批戲曲名著，其中，尤以王實甫的《西廂記》、湯顯祖的《牡丹亭》、洪昇的《長生殿》和孔尚任的《桃花扇》四劇熠熠奪目，體現了中國古典戲曲藝術的最高成就，被譽為「中國古典四大名劇」。

這四部經典之所以能在傑作如林的戲曲史上超群絕倫，是由於其藝術成就遠遠超越同時代的同類作品。首先是它們所表現的內容具有鮮明的時代性。元代的雜劇《西廂記》歌頌了以愛情為基礎的結合，提出了「願普天下有情的都成了眷屬」的理想，反映了封建社會中青年男女要求婚姻自主、衝破封建禮教束縛的人文主義思想。明末的傳奇劇《牡丹亭》則進一步把男女愛情同個性解放聯繫起來，一方面深刻揭露了封建禮教對人們思想的束縛，一方面描寫了杜麗娘為爭取理想愛情所作的不屈鬥爭，反映了新興市民階層的要求，具有進步的民主思想。清初距離明朝覆亡「殷鑒不遠」，歷史劇《長生殿》和《桃花扇》則更具有鮮明的時代特色。《長生殿》通過李隆基與楊玉環的「釵盒情緣」，總結了封建王朝的興衰原因，以「垂戒來世」。《桃花扇》「借離合之情，抒興亡之感」，以李香君與侯方域的悲歡離合為線索，展現了南明王朝的衰亡歷程，寄寓了深沉的反思。這些愛情戲「無境不襲，無語不因」，或以情節跌宕起伏、錯綜複雜的戲劇衝突強調「情」的自主；或以曲折多變的生活面貌展現政治的演變，反映封建王朝的興衰。這在當時千篇一律的言情相思戲劇作中具有突出的獨創性，令人驚奇，引人入勝。

四部經典劇作深受廣大觀衆和讀者的喜愛，還在於它對人物形象的成功塑造。通過個性化的語言、細節描寫、心理刻畫、相互映襯等多種手法，使劇中的人物形象無論是主要人物還是次要人物，都個性鮮明、栩栩如生，讓人印象深刻、回味無窮。在語言風格上，四劇皆具有濃厚的抒情色彩，寓情於景，情景交融，使主人公的悲喜真實可感。文辭清麗雅緻、優美蘊藉，富有傳統詩詞的意境之美，又通俗易懂。

本書收錄的中國古典四大名劇：《西廂記》《牡丹亭》《長生殿》《桃花扇》，採用宣紙線裝，古樸典雅，為讀者更好地領略我國古典戲劇的精華提供更佳範本。其中《西廂記》以暖紅室所刻《淩蒙初鑒定西廂記》為底本，並參考王季思校注本；《牡丹亭》以明懷德堂《重鐫繡像牡丹亭還魂記》為底本，並參考徐朔方校注本；《長生殿》以稗畦草堂本為底本，並參考徐朔方校注本；《桃花扇》以蘭雪堂本為底本，並參考王季思、蘇寰中校注本。因時間倉促，不妥之處還請讀者批評指正。

編者

二〇一五年三月

目録

目録

第一本　張君瑞鬧道場雜劇

楔子

〔外扮老夫人上開〕老身姓鄭，夫主姓崔，官拜前朝相國，不幸因病告殂。只生得个小姐，小字鶯鶯，年一十九歲，針指女工，詩詞書算，無不能者。老相公在日，曾許下老身之侄——乃鄭尚書之長子鄭恒——爲妻。因俺孩兒父喪未滿，未得成合。又有个小妮子，是自幼伏侍孩兒的，喚做紅娘。一个小廝兒，喚做歡郎。先夫棄世之後，老身與女孩兒扶柩至博陵安葬；因路途有阻，不能得去。來到河中府，將這靈柩寄在普救寺內。這寺是先夫相國修造的，是則天娘娘香火院，況兼法本長老又是俺相公剃度的和尚；因此俺就這西廂下一座宅子安下。一壁寫書附京師去，喚鄭恒來相扶回博陵去。我想先夫在日，食前方丈，從者數百；今日至親只這三四口兒，好生傷感人也呵！

【仙呂】【賞花時】夫主京師祿命終，子母孤孀途路窮；因此上旅櫬在梵王宮。盼不到博陵舊塚，血淚洒杜鵑紅。

今日暮春天氣，好生困人，不免喚紅娘出來分付他。紅娘何在？〔旦倈扮紅見科〕〔夫人云〕你看佛殿上沒人燒香呵，和小姐閑散心耍一回去來。〔紅云〕謹依嚴命。〔夫人下〕〔紅云〕小姐有請。〔正旦扮鶯鶯上〕〔紅云〕夫人著俺和姐姐佛殿上閑耍一回去來。〔旦唱〕

【幺篇】可正是人值殘春蒲郡東，門掩重關蕭寺中；花落水流紅，閑愁萬種，無語怨東風。〔並下〕

第一折

〔正末扮騎馬引倈人上開〕小生姓張，名珙，字君瑞，本貫西洛人也。先人拜禮部尚書，不幸五旬之上，因病身亡。後一年喪母。小生書劍飄零，功名未遂，遊於四方。即今貞元十七年二月上旬，唐德宗即位，欲往上朝取應。路經河中府，過蒲關上，有一故人，姓杜名確，字君實，與小生同郡同學，當初爲八拜之交。後棄文就武，遂得武舉狀元，官拜征西大元帥，統領十萬大軍，鎮守著蒲關。小生就望哥哥一遭，卻往京師求進。暗想小生螢窗雪案，刮垢磨光，學成滿腹文章，尚在湖海飄零，何日得遂大志也呵！萬金寶劍藏秋水，滿馬春愁壓繡鞍。

【仙呂】【點絳唇】遊藝中原，脚跟無線、如蓬轉。望眼連天，日近長安遠。

西廂記

第一本　第一折

【混江龍】向《詩》《書》經傳，蠹魚似不出費鑽研。將棘圍守暖，把鐵硯磨穿。投至得雲路鵬程九萬里，先受了雪窗螢火二十年。才高難入俗人機，時乖不遂男兒願。空雕蟲篆刻，綴斷簡殘編。

行路之間，早到蒲津。這黃河有九曲，此正古河內之地，你看好形勢也呵！

【油葫蘆】九曲風濤何處顯，只除是此地偏。這河帶齊梁，分秦晉，隘幽燕。雪浪拍長空，天際秋雲捲；竹索纜浮橋，水上蒼龍偃。東西潰九州，南北串百川。歸舟緊不緊如何見？恰便似弩箭乍離弦。

【天下樂】只疑是銀河落九天；淵泉、雲外懸，入東洋不離此徑穿。滋洛陽千種花，潤梁園萬頃田，也曾泛浮槎到日月邊。

話說間早到城中。這裏一座店兒，琴童接下馬者！店小二哥那裏？〔小二上云〕自家是這狀元店裏小二哥。官人要下呵，俺這裏有乾淨店房。〔末云〕頭房裏下，先撒和那馬者！小二哥，你來，我問你：這裏有甚麼閑散心處？名山勝境，福地寶坊皆可。〔小二云〕俺這裏有一座寺，名曰普救寺，是則天皇后香火院，蓋造非俗：琉璃殿相近青霄，舍利塔直侵雲漢。南來北往，三教九流，過者無不瞻仰；只除那裏可以君子遊玩。〔末云〕琴童料持下晌午飯！俺到那裏走一遭便回來也。〔童云〕安排下飯，撒和了馬，等哥哥回家。〔下〕〔法聰上〕小僧法聰，是這普救寺法本長老座下弟子。今日師父赴齋去了，著我在寺中，但有探長老的，便記著，待師父回來報知。山門下立地，看有甚麼人來。〔末上云〕卻早來到也。〔見聰了，聰問云〕客官從何來？〔末云〕小生西洛至此，聞上剎幽雅清爽，一來瞻仰佛像，二來拜謁長老。敢問長老在麼？〔聰云〕俺師父不在寺中，貧僧弟子法聰的便是，請先生方丈拜茶。〔末云〕既然長老不在呵，不必吃茶；敢煩和尚相引，瞻仰一遭，幸甚！〔聰云〕小僧取鑰匙，開了佛殿、鐘樓、塔院、羅漢堂、香積廚，盤桓一會，師父敢待回來。〔末做看科云〕是蓋造得好也呵！

【村裏迓鼓】隨喜了上方佛殿，早來到下方僧院。行過廚房近西、法堂北、鐘樓前面。遊了洞房，登了寶塔，將迴廊繞遍。數了羅漢，參了菩薩，拜了聖賢。

〔鶯鶯引紅娘撚花枝上云〕紅娘，俺去佛殿上耍去來。〔末做見科〕呀！正撞著五百年前風流業冤。

【元和令】顛不剌的見了萬千，似這般可喜娘的龐兒罕曾見。祇教人眼花撩亂口難言，魂靈兒飛在半天。他那裏儘人調戲嚲著香肩，

只將花笑撚。

【上馬嬌】這的是兜率宮，休猜做了離恨天。呀，誰想著寺裏遇神仙！我見他宜嗔宜喜春風面，偏、宜貼翠花鈿。

【勝葫蘆】只見他宮樣眉兒新月偃，斜侵入鬢雲邊。

〔旦云〕紅娘，你覷：寂寂僧房人不到，滿階苔襯落花紅。〔末云〕我死也！

未語人前先靦腆，櫻桃紅綻，玉粳白露，半晌恰方言。

【幺篇】恰便似嚦嚦鶯聲花外囀，行一步可人憐。解舞腰肢嬌又軟，千般裊娜，萬般旖旎，似垂柳晚風前。

〔紅云〕那壁有人，咱家去來。〔旦回顧覷末下〕〔末云〕和尚，恰怎麼觀音現來？〔聽云〕休胡說，這是河中開府崔相國的小姐。〔末云〕世間有這等女子，豈非天姿國色乎？休說那模樣兒，只那一對小脚兒，價值百鎰之金。〔聽云〕偌遠地，他在那壁，你在這壁，繫著長裙兒，你便怎知他脚兒小？〔末云〕法聰，來，來，來，你問我怎便知，你覷：

【後庭花】若不是襯殘紅芳徑軟，怎顯得步香塵底樣兒淺。且休題眼角兒留情處，只這脚蹤兒將心事傳。慢俄延，投至到櫳門兒前面，剛那了一步遠。剛剛的打个照面，風魔了張解元。似神仙歸洞天，空餘下楊柳煙，只聞得鳥雀喧。

【柳葉兒】呀，門掩著梨花深院，粉墻兒高似青天。恨天，天不與人行方便，好著我難消遣，端的是怎留連。小姐呵，只被你兀的不引了人意馬心猿？

〔聽云〕休惹事，河中開府的小姐去遠了也。〔末唱〕

【寄生草】蘭麝香仍在，佩環聲漸遠。東風搖曳垂楊綫，遊絲牽惹桃花片，珠簾掩映芙蓉面。你道是河中開府相公家，我道是南海水月觀音現。

「十年不識君王面，始信嬋娟解誤人。」小生便不往京師去應舉也罷。〔覷聰云〕敢煩和尚對長老說知，有僧房借半間，早晚溫習經史，勝如旅邸內冗雜；房金依例拜納，小生明日自來也。

【賺煞】餓眼望將穿，饞口涎空嚥，空著我透骨髓相思病染，怎當他臨去秋波那一轉！休道是小生，便是鐵石人也意惹情牽。近庭軒，花柳爭妍，日午當庭塔影圓。春光在眼前，爭奈玉人不見，將一座梵王宮疑是武陵源。〔下〕

只將花笑撚。

【上馬嬌】這的是兜率宮，休猜做了離恨天。呀，誰想著寺裏遇神仙！我見他宜嗔宜喜春風面，偏、宜貼翠花鈿。

【勝葫蘆】只見他宮樣眉兒新月偃，斜侵入鬢雲邊。

〔旦云〕紅娘，你覷：寂寂僧房人不到，滿階苔襯落花紅。〔末云〕我死也！

未語人前先靦腆，櫻桃紅綻，玉粳白露，半晌恰方言。

【么篇】恰便似嚦嚦鶯聲花外囀，行一步可人憐。解舞腰肢嬌又軟，千般嫋娜，萬般旖旎，似垂柳晚風前。

〔紅云〕那壁有人，咱家去來。〔旦回顧覷末下〕〔末云〕和尚，恰怎麼觀音現來？〔聰云〕休胡說，這是河中開府崔相國的小姐。

〔末云〕世間有這等女子，豈非天姿國色乎？休說那模樣兒，只那一對小腳兒，價值百鎰之金。〔聰云〕偌遠地，他在那壁，你在這壁，繫著長裙兒，你便怎知他腳兒小？〔末云〕法聰，來，來，來，你問我怎便知，你覷：

【後庭花】若不是襯殘紅芳徑軟，怎顯得步香塵底樣兒淺。且休題眼角兒留情處，只這腳蹤兒將心事傳。慢俄延，投至到櫳門兒前面，剛那了一步遠。剛剛的打個照面，風魔了張解元。似神仙歸洞天，空餘下楊柳煙，只聞得鳥雀喧。

【柳葉兒】呀，門掩著梨花深院，粉牆兒高似青天。恨天，天不與人行方便，好著我難消遣，端的是怎留連。小姐呵，只被你兀的不引了人意馬心猿？

〔聰云〕休惹事，河中開府的小姐去遠了也。〔末唱〕

【寄生草】蘭麝香仍在，珮環聲漸遠。東風搖曳垂楊綫，遊絲牽惹桃花片，珠簾掩映芙蓉面。你道是河中開府相公家，我道是南海水月觀音現。

「一十年不識君王面，始信嬋娟解誤人。」小生便不往京師去應舉也罷。〔覷聰云〕敢煩和尚對長老說，有僧房借半間，早晚溫習經史，勝如旅邸內冗雜，房金依例拜納，小生明日自來也。

【賺煞】餓眼望將穿，饞口涎空嚥，空著我透骨髓相思病染，怎當他臨去秋波那一轉！休道是小生，便是鐵石人也意惹情牽。近庭軒，花柳爭妍，日午當庭塔影圓。春光在眼前，爭奈玉人不見，將一座梵王宮疑是武陵源。〔下〕

第二折

〔夫人上白〕前日長老將錢去與老相公做好事，不見來回話。道與紅娘，傳著我的言語去問長老：幾時好與老相公做好事？就著他辦下東西的當了，來回我話者。〔下〕〔淨扮潔上云〕老僧法本，在這普救寺內做長老。此寺是則天皇后蓋造的，後來崩損，又是崔相國重修的。現今崔老夫人領著家眷扶柩回博陵，因路阻暫寓本寺西廂之下，待路通回博陵遷葬。老夫人處事溫儉，治家有方，是是非非，人莫敢犯。夜來老僧赴齋，不知曾有人來望老僧否？〔喚聽問科〕〔聽云〕夜來有一秀才自西洛而來，特謁我師，不遇而返。〔潔云〕山門外覷著，若再來時，報我知道。〔末上〕昨日見了那小姐，倒有顧盼小生之意。今日去問長老借一間僧房，早晚溫習經史；倘遇那小姐出來，必當飽看一會。

【中呂】【粉蝶兒】不做周方，埋怨殺你个法聰和尚！借與我半間客舍僧房，與我那可憎才居止處門兒相向。雖不能夠竊玉偷香，且將這盼行雲眼睛兒打當。

【醉春風】往常時見傅粉的委實羞，畫眉的敢是謊；今日多情人一見了有情娘，著小生心兒裏早痒、痒。迤逗得腸荒，斷送得眼亂，引惹得心忙。

〔末見聽科〕〔聽云〕師父正望先生來哩，只此少待，小僧通報去。〔潔出見末科〕〔末云〕是好一个和尚呵！

【迎仙客】我只見他頭似雪，鬢如霜，面如童，少年得內養；貌堂堂，聲朗朗，頭直上只少个圓光，卻便似捏塑來的僧伽像。

〔潔云〕請先生方丈內相見。夜來老僧不在，有失迎迓，望先生恕罪！〔末云〕小生久聞老和尚清譽，欲來座下聽講，何期昨日不得相遇。今能一見，是小生三生有幸矣。〔潔云〕先生世家何郡？敢問上姓大名，因甚至此？〔末云〕小生姓張，名珙，字君瑞。

【石榴花】大師一一問行藏，小生仔細訴衷腸，自來西洛是吾鄉，宦遊在四方，寄居咸陽。先人拜禮部尚書多名望，五旬上因病身亡。

〔潔云〕老相公棄世，必有所遺。〔末唱〕

平生正直無偏向，止留下四海一空囊。

【鬬鵪鶉】俺先人甚的是渾俗和光，真一味風清月朗。

〔潔云〕先生此一行必上朝取應去。〔末唱〕

小生無意求官，有心待聽講。

小生特謁長老，奈路途奔馳，無以相饋。

量著窮秀才人情只是紙半張，又沒甚七青八黃，儘著你說短論長，一任待掂斤播兩。

徑稟：有白銀一兩，與常住公用，略表寸心，望笑留是幸！〔潔云〕先生客中，何故如此？〔末云〕物鮮不足辭，但充講下一茶耳。

【上小樓】小生特來見訪，大師何須謙讓。

〔潔云〕老僧決不敢受。〔末唱〕

這錢也難買柴薪，不够齋糧，且備茶湯。

〔覷聽云〕這一兩銀未爲厚禮。

你若有主張，對艷妝，將言詞說上，我將你衆和尚死生難忘。

〔潔云〕先生必有所請。〔末云〕小生不揣有懇，因惡旅邸冗雜，早晚難以溫習經史；欲假一室，晨昏聽講。房金按月任意多少。

〔潔云〕敝寺頗有數間，任先生揀選。〔末唱〕

【幺篇】也不要香積廚，枯木堂。遠著南軒，離著東墻，靠著西廂。近主廊，過耳房，都皆停當。

〔潔云〕便不呵，就與老僧同處何如？〔末笑云〕要恁怎麼。

你是必休題著長老方丈。

〔紅上云〕老夫人著俺問長老：幾時好與老相公做好事？看得停當回話。須索走一遭去來。〔見潔科〕長老萬福！夫人使侍妾來問：幾時好與老相公做好事？著看得停當了回話。〔末背云〕好个女子也呵！

【脫布衫】大人家舉止端詳，全沒那半點兒輕狂。大師行深深拜了，啓朱唇語言得當。

【小梁州】可喜娘的龐兒淺淡妝，穿一套縞素衣裳；胡伶渌老不尋常，偷睛望，眼挫裏抹張郎。

【幺篇】若共他多情的小姐同鴛帳，怎捨得他疊被鋪床。我將小姐央，夫人央，他不令許放，我親自寫與從良。

三

〔潔云〕二月十五日，可與老相公做好事。〔紅云〕妾與長老同去佛殿看了，卻回夫人話。〔潔云〕先生請少坐，老僧同小娘子看一遭便來。〔末云〕何故卻小生？便同行一遭，又且何如？〔潔云〕便同行。〔末云〕著小娘子先行，俺近後些。〔潔云〕一个有道理的秀才。〔末云〕小生有一句話說敢道麼？〔潔云〕便道不妨。〔末唱〕

【快活三】崔家女艷妝，莫不是演撒你个老潔郎？

〔潔云〕俺出家人那有此事？〔末唱〕既不沙，

卻怎睃趁著你頭上放毫光，打扮的特來晃。

〔潔云〕先生是何言語！早是那小娘子不聽得哩，若知呵，是甚意思！〔紅上佛殿科〕〔末唱〕

【朝天子】過得主廊，引入洞房，好事從天降。

我與你看著門兒，你進去。〔潔怒云〕先生，此非先王之法言，豈不得罪於聖人之門乎？老僧偌大年紀，焉肯作此等之態？〔末唱〕

好模好樣太莽撞，沒則羅便罷，煩惱怎麼那唐三藏？怪不得小生疑你，偌大一个宅堂，可怎生別沒个兒郎，使得梅香來說勾當。

〔潔云〕老夫人治家嚴肅，內外並無一个男子出入。〔末背云〕這禿廝巧說。

你在我行、口強，硬抵著頭皮撞。

〔潔對紅云〕這齋供道場都完備了，十五日請夫人小姐拈香。〔末問云〕何故？〔潔云〕這是崔相國小姐至孝，爲報父母之恩。又是老相公禫日，就脫孝服，所以做好事。〔末哭科云〕「哀哀父母，生我劬勞，欲報深恩，昊天罔極。」小姐是一女子，尚然有報父母之心；小生湖海飄零數年，自父母下世之後，並不曾有一陌紙錢相報。望和尚慈悲爲本，小生亦備錢五千，怎生帶得一分兒齋，追薦俺父母咱！便夫人知也不妨，以盡人子之心。〔潔云〕法聰與這先生帶一分者。〔末背問聰云〕那小姐明日來麼？〔聰云〕他父母的勾當，如何不來。〔末背云〕這五千錢使得有些下落者。

【四邊靜】人間天上，看鶯鶯強如做道場。軟玉溫香，休道是相親傍；若能夠湯他一湯，倒與人消災障。

〔潔云〕都到方丈吃茶。〔做到科〕〔末云〕小生更衣咱。〔末出科云〕那小娘子已定出來也，我只在這裏等待問他咱。〔紅辭潔云〕我不吃茶了，恐夫人怪來遲，去回話也。〔紅出科〕〔末迎紅娘祗揖科〕小娘子拜揖！〔紅云〕先生萬福！〔末云〕小娘子莫非鶯鶯小姐的侍妾麼？〔紅云〕我便是，何勞先生動問？〔末云〕小生姓張，名珙，字君瑞，本貫西洛人也，年方二十三歲，正月十七日子時建生，並不曾娶妻……〔紅云〕誰問你來？〔末云〕敢問小姐常出來麼？〔紅怒云〕先生是讀書君子，孟子曰：「男女授受不親，禮也。」君子「瓜田不納履，李下不整冠」。道不得个「非禮勿視，非禮勿聽，非禮勿言，非禮勿動」。俺夫人治家嚴肅，有冰霜之操。內無應門五尺之童，年至十二三者，非呼召不敢輒入中堂。向日鶯鶯潛出閨房，夫人窺之，召立鶯鶯於庭下，責之曰：「汝爲女子，不告而出閨門，倘遇遊客小僧私視，豈不自恥。」鶯立謝而言曰：「今當改過從新，毋敢再犯。」是他親女，尚然如此，何況以下侍妾乎？先生習先王之道，尊周公之禮，不干己事，何故用心？早是妾身，可以容恕，若夫人知其事呵，決無干休。今後得問的問，不得問的休胡說！〔下〕〔末云〕這相思索是害也！

【哨遍】聽說罷心懷悒怏，把一天愁都撮在眉尖上。說：「夫人節操凜冰霜，不召呼，誰敢輒入中堂？」自思想，比及你心兒裏畏懼老母親威嚴，小姐呵，你不合臨去也回頭兒望。待颺下教人怎颺？赤緊的情沾了肺腑，意惹了肝腸。若今生難得有情人，是前世燒了斷頭香。我得時節手掌兒裏奇擎，心坎兒裏溫存，眼皮兒上供養。

【耍孩兒】當初那巫山遠隔如天樣，聽說罷又在巫山那廂。業身軀雖是立在迴廊，魂靈兒已在他行。本待要安排心事傳幽客，我只怕漏泄春光與乃堂。夫人怕女孩兒春心蕩，怪黃鶯兒作對，怨粉蝶兒成雙。

【五煞】小姐年紀小，性氣剛。張郎倘得相親傍，乍相逢厭見何郎粉，看邂逅偷將韓壽香。才到得風流況，成就了會溫存的嬌婿，怕甚麼能拘束的親娘。

【四煞】夫人忒慮過，小生空妄想，郎才女貌合相仿。休直待眉兒淺淡思張敞，春色飄零憶阮郎。非是咱自誇獎：他有德言工貌，小生有恭儉溫良。

【三煞】想著他眉兒淺淺描，臉兒淡淡妝，粉香膩玉搓咽項。翠裙鴛繡金蓮小，紅袖鸞銷玉筍長。不想呵其實強：你撇下半天風韻，我拾得萬種思量。

卻忘了辭長老。〔見潔科〕小生敢問長老，房舍如何？〔潔云〕塔院側邊西廂一間房，甚是瀟灑，正可先生安下。現收拾下了，隨先生早晚來。〔末云〕小生便回店中搬去。〔潔云〕既然如此，老僧准備下齋，先生是必便來。〔下〕〔末云〕若在店中人鬧，

到好消遣；搬在寺中靜處，怎麼捱這淒涼也呵。

【二煞】院宇深，枕簟涼，一燈孤影搖書幌。縱然酬得今生志，著甚支吾此夜長。睡不著如翻掌，少可有一萬聲長吁短嘆，五千遍搗枕捶床。

【尾】嬌羞花解語，溫柔玉有香，我知他乍相逢記不真嬌模樣，我只索手抵著牙兒慢慢的想。〔下〕

第三折

〔正旦上云〕老夫人著紅娘問長老去了，這小賤人不來我行回話。〔紅上云〕回夫人話了，去回小姐話去。〔旦云〕使你問長老：幾時做好事？〔紅云〕恰回夫人話也，正待回姐姐話：二月十五日，請夫人姐姐拈香。〔紅笑云〕姐姐，你不知，我對你說一件好笑的勾當。咱前日寺裏見的那秀才，今日也在方丈裏。他先出門兒外等著紅娘，深深唱个喏道：「小生姓張，名珙，字君瑞，本貫西洛人也，年二十三歲，正月十七日子時建生，並不曾娶妻。」姐姐，卻是誰問他來？他又問：「那壁小娘子莫非鶯鶯小姐的侍妾乎？小姐常出來麼？」被紅娘搶白了一頓呵回來了。姐姐，我不知他想甚麼哩，世上有這等傻角！〔旦笑云〕紅娘，休對夫人說。天色晚也，安排香案，咱花園內燒香去來。〔下〕〔末上云〕搬至寺中，正近西廂居址。我問和尚們來，小姐每夜花園內燒香。這个花園和俺寺中合著。比及小姐出來，我先在太湖石畔牆角兒邊等待，飽看一會。兩廊僧衆都睡著了。夜深人靜，月朗風清，是好天氣也呵！正是「閑尋方丈高僧語，悶對西廂皓月吟」。

【越調】【鬭鵪鶉】玉宇無塵，銀河瀉影；月色橫空，花陰滿庭；羅袂生寒，芳心自警。側著耳朵兒聽，躡著脚步兒行：悄悄冥冥，潛潛等等。

【紫花兒序】等待那齊齊整整，嬝嬝婷婷，姐姐鶯鶯。一更之後，萬籟無聲，直至鶯庭。若是迴廊下沒揣的見俺可憎，將他來緊緊的摟定；只問你那會少離多，有影無形。

〔旦引紅娘上云〕開了角門兒，將香桌出來者。〔末唱〕

【金蕉葉】猛聽得角門兒呀的一聲，風過處衣香細生。踮著脚尖兒仔細定睛，比我那初見時龐兒越整。

〔旦云〕紅娘，移香桌兒近太湖石畔放者！〔末做看科云〕料想春嬌厭拘束，等閑飛出廣寒宫。看他容分一捻，體露半襟，嚲香袖以無言，垂羅裙而不語。似湘陵妃子，斜倚舜廟朱扉；如玉殿嫦娥，微現蟾宫素影。是好女子也呵！

【調笑令】我這裏甫能，見娉婷，比著那月殿嫦娥也不恁般撐。遮遮掩掩穿芳徑，料應來小脚兒難行。可喜娘的臉兒百媚生，兀的不引了人魂靈！

〔旦云〕取香來！〔末云〕聽小姐祝告甚麼？〔旦云〕此一炷香，願化去先人，早生天界！此一炷香，願堂中老母，身安無事！此一炷香，……〔做不語科〕〔紅云〕姐姐不祝這一炷香，我替姐姐祝告：願俺姐姐早尋一个姐夫，拖帶紅娘咱！〔旦再拜云〕心中無限傷心事，盡在深深兩拜中。〔長吁科〕〔末云〕小姐倚欄長嘆，似有動情之意。

【小桃紅】夜深香靄散空庭，簾幕東風靜。拜罷也斜將曲欄凭，長吁了兩三聲。剔團圞明月如懸鏡。又不是輕雲薄霧，都只是香煙人氣，兩般兒氤氳得不分明。

我雖不如司馬相如，我只看小姐頗有文君之意。我且高吟一絕，看他則甚：「月色溶溶夜，花陰寂寂春；如何臨皓魄，不見月中人？」〔旦云〕有人牆角吟詩。〔紅云〕這聲音便是那二十三歲不曾娶妻的那傻角。〔旦云〕好清新之詩，我依韻做一首。〔紅云〕你兩个是好做一首。〔旦念詩云〕「蘭閨久寂寞，無事度芳春；料得行吟者，應憐長嘆人。」〔末云〕好應酬得快也呵！

【秃廝兒】早是那臉兒上撲堆著可憎，那堪那心兒裏埋沒著聰明。他把那新詩和得忒應聲，一字字，訴衷情，堪聽。

【聖藥王】那語句清，音律輕，小名兒不枉了喚做鶯鶯。他若是共小生、廝覷定，隔牆兒酬和到天明。方信道「惺惺的自古惜惺惺」。

我撞出去，看他說甚麼。

【麻郎兒】我拽起羅衫欲行，〔旦做見科〕他陪著笑臉兒相迎。不做美的紅娘太淺情，便做道謹依來命，……

〔紅云〕姐姐，有人，咱家去來，怕夫人嗔著。〔鶯回顧下〕〔末唱〕

【幺篇】我忽聽、一聲、猛驚。原來是撲剌剌宿鳥飛騰，顫巍巍花梢弄影，亂紛紛落紅滿徑。

小姐，你去了呵，那裏發付小生！

【絡絲娘】空撇下碧澄澄蒼苔露冷，明皎皎花篩月影。白日淒涼枉耽病，今夜把相思再整。

【東原樂】簾垂下，戶已扃，卻才个悄悄相問，他那裏低低應。月朗風清恰二更，廝傒倖：他無緣，小生薄命。

【綿搭絮】恰尋歸路，佇立空庭，竹梢風擺，斗柄雲橫。呀！今夜淒涼有四星，他不瞅人待怎生！雖然是眼角兒傳情，咱兩个口不言心自省。

今夜甚睡到得我眼裏呵！

【拙魯速】對著盞碧熒熒短檠燈，倚著扇冷清清舊幃屏。燈兒又不明，夢兒又不成；窗兒外淅零零的風兒透疎櫺，忒楞楞的紙條兒鳴；枕頭兒上孤另，被窩兒裏寂靜。你便是鐵石人，鐵石人也動情。

【幺篇】怨不能，恨不成，坐不安，睡不寧。有一日柳遮花映，霧帳雲屏，夜闌人靜，海誓山盟。恁時節風流嘉慶，錦片也似前程，美滿恩情，咱兩个畫堂春自生。

【尾】一天好事從今定，一首詩分明照證；再不向青瑣闥夢兒中尋，只去那碧桃花樹兒下等。〔下〕

第四折

〔潔引聰上云〕今日二月十五日開啓，衆僧動法器者。請夫人小姐拈香。比及夫人未來，先請張生拈香。怕夫人問呵，只說是貧僧親者。〔末上云〕今日二月十五日，和尚請拈香，須索走一遭。

【雙調】【新水令】梵王宮殿月輪高，碧琉璃瑞煙籠罩。香煙雲蓋結，諷咒海波潮。幡影飄飖，諸檀越盡來到。

【駐馬聽】法鼓金鐸，二月春雷響殿角；鐘聲佛號，半天風雨洒松梢。侯門不許老僧敲，紗窗外定有紅娘報。害相思的饞眼腦，見他時須看个十分飽。

〔末見潔科〕〔潔云〕先生先拈香，恐夫人問呵，只說是老僧的親。〔末拈香科〕

【沉醉東風】惟願存在的人間壽高，亡化的天上逍遙。爲曾、祖、父先靈，禮佛、法、僧三寶，焚名香暗中禱告：只願得紅娘休劣，夫人休焦，犬兒休惡！佛囉，早成就了幽期密約！

〔末唱〕

〔夫人引旦上云〕長老請拈香，小姐，咱走一遭。〔末做見科〕〔覷聰云〕爲你志誠呵，神仙下降也。〔聰云〕這生卻早兩遭兒也。

【鴈兒落】我只道這玉天仙離了碧霄，原來是可意種來清醮。小子多愁多病身，怎當他傾國傾城貌。

【得勝令】恰便似檀口點櫻桃，粉鼻兒倚瓊瑤，淡白梨花面，輕盈楊柳腰。妖嬈，滿面兒撲堆著俏；苗條，一團兒真是嬌。

〔潔云〕貧僧一句話，夫人行敢道麽？老僧有个敝親，是个飽學的秀才，父母亡後，無可相報。對我說：「央及帶一分齋，追薦父母。」貧僧一時應允了，恐夫人見責。〔夫人云〕長老的親便是我的親，請來廝見咱。〔末拜夫人科〕〔衆僧見旦發科〕

〔末唱〕

【喬牌兒】大師年紀老，法座上也凝眺；舉名的班首真呆傍，覷著法聰頭作金磬敲。

【甜水令】老的小的，村的俏的，沒顛沒倒，勝似鬧元宵。稔色人兒，可意寃家，怕人知道，看時節淚眼偷瞧。

【折桂令】著小生迷留沒亂，心痒難撓。哭聲兒似鶯囀喬林，淚珠兒似露滴花梢。大師也難學，把一个發慈悲的臉兒來朦著。擊磬的頭陀懊惱，添香的行者心焦。燭影風搖，香靄雲飄；貪看鶯鶯，燭滅香消。

〔潔云〕風滅燈也。〔末云〕小生點燈燒香。〔旦與紅云〕那生忙了一夜。

【錦上花】外像兒風流，青春年少；內性兒聰明，冠世才學。扭捏著身子兒百般做作，來往向人前賣弄俊俏。

〔紅云〕我猜那生——

【幺篇】黃昏這一回，白日那一覺，窗兒外那會鑊鐸。到晚來向書幃裏比及睡著，千萬聲長吁捱不到曉。

〔末云〕那小姐好生顧盼小子。

【碧玉簫】情引眉梢，心緒你知道；愁種心苗，情思我猜著。暢懊惱！響鐺鐺雲板敲。行者又嚎，沙彌又哨，您須不奪人之好。

〔潔與衆僧發科〕〔動法器了，潔搖鈴跪宣疏了，燒紙科〕〔潔云〕天明了也，請夫人小姐回宅。〔末云〕再做一會也好，那裏發付小生也呵！

【鴛鴦煞】有心爭似無心好，多情卻被無情惱。勞攘了一宵，月兒沈，鐘兒響，雞兒叫。暢道是玉人歸去得疾，好事收拾得早，道場畢諸人散了。酩子裏各歸家，葫蘆提鬧到曉。〔並下〕

【絡絲娘煞尾】則爲你閉月羞花相貌，少不得剪草除根大小。

題目　老夫人閑春院　崔鶯鶯燒夜香
正名　小紅娘傳好事　張君瑞鬧道場

第二本　崔鶯鶯夜聽琴雜劇

第一折

〔孫飛虎上開〕自家姓孫，名彪，字飛虎。方今上德宗即位，天下擾攘。因主將丁文雅失政，俺分統五千人馬，鎮守河橋。近知先相國崔珏之女鶯鶯，眉黛青顰，蓮臉生春，有傾國傾城之容，西子太真之顏，現在河中府普救寺借居。我心中想來：當今用武之際，主將尚然不正，我獨廉何爲？大小三軍，聽吾號令：人盡銜枚，馬皆勒口，連夜進兵河中府！擄鶯鶯爲妻，是我平生願足，〔下〕〔法本慌上〕誰想孫飛虎將半萬賊兵圍住寺門，鳴鑼擊鼓，吶喊搖旗，欲擄鶯鶯小姐爲妻。我今不敢違誤，即索報知夫人走一遭。〔下〕〔夫人慌上云〕如此卻怎了！俺同到小姐臥房裏商量去。〔下〕〔旦引紅上云〕自見了張生，神魂蕩漾，情思不快，茶飯少進。早是離人傷感，況值暮春天道，好煩惱人也呵！好句有情憐夜月，落花無語怨東風。

【仙呂】【八聲甘州】懨懨瘦損，早是傷神，那值殘春。羅衣寬褪，能消幾度黃昏？風裊篆煙不捲簾，雨打梨花深閉門；無語憑闌干，目斷行雲。

【混江龍】落紅成陣，風飄萬點正愁人，池塘夢曉，闌檻辭春；蝶粉輕沾飛絮雪，燕泥香惹落花塵；繫春心情短柳絲長，隔花陰人遠天涯近。香消了六朝金粉，清減了三楚精神。

〔紅云〕姐姐情思不快，我將被兒薰得香香的，睡些兒。〔旦唱〕

【油葫蘆】翠被生寒壓繡裀，休將蘭麝薰；便將蘭麝薰盡，只索自溫存。昨宵个錦囊佳製明勾引，今日个玉堂人物難親近。這些時坐又不安，睡又不穩，我欲待登臨又不快，閑行又悶。每日價情思睡昏昏。

【天下樂】紅娘呵，我只索搭伏定鮫綃枕頭兒上盹。但出閨門，影兒般不離身。

〔紅云〕不干紅娘事，老夫人著我跟著姐姐來。〔旦云〕俺娘也好沒意思！

這些時直恁般提防著人；小梅香伏侍得勤，老夫人拘繫得緊，只怕俺女孩兒折了氣分。

〔紅云〕姐姐往常不曾如此無情無緒；自見了那生，便覺心事不寧，卻是如何？〔旦唱〕

【那吒令】往常但見个外人，氳的早嗔；但見个客人，厭的倒褪；從見了那人，兜的便親。想著他昨夜詩，依前韻，酬和得清新。

【鵲踏枝】吟得句兒勻，念得字兒真，詠月新詩，煞強似織錦迴文。誰肯把針兒將綫引，向東鄰通个殷勤。

【寄生草】想著文章士，旖旎人；他臉兒清秀身兒俊，性兒溫克情兒順，不由人口兒裏作念心兒裏印。學得來「一天星斗煥文章」，不枉了「十年窗下無人問」。

〔飛虎領兵上圍寺科〕〔下〕〔卒子內高叫云〕寺裏人聽者：限你們三日內將鶯鶯獻出來與俺將軍成親，萬事干休。三日之後不送出，伽藍盡皆焚燒，僧俗寸斬，不留一个。〔夫人、潔同上敲門了〕〔紅看了云〕姐姐，夫人和長老都在房門前。

〔旦見了科〕〔夫人云〕孩兒，你知道麼？如今孫飛虎將半萬賊兵圍住寺門，道你「眉黛青顰，蓮臉生春，似傾國傾城的太真」，要擄你做壓寨夫人。孩兒，怎生是了也？〔旦唱〕

【六幺序】聽說罷魂離了殼，現放著禍滅身，將袖梢兒揾不住啼痕。好教我去住無因，進退無門，可著俺那埚兒裏人急偎親？孤孀子母無投奔，赤緊的先亡過了有福之人。耳邊廂金鼓連天震，征雲冉冉，土雨紛紛。

【幺篇】那廝們風聞，胡云。道我「眉黛青顰，蓮臉生春，恰便似傾國傾城的太真」；兀的不送了他三百僧人？半萬賊軍，半霎兒敢剪草除根？這廝們於家爲國無忠信，恣情的擄掠人民。更將那天宮般蓋造焚燒盡，只沒那諸葛孔明，便待要博望燒屯。

〔夫人云〕老身年六十歲，不爲壽夭；奈孩兒年少，未得從夫，卻如之奈何？〔旦云〕孩兒有一計，想來只是將我與賊漢爲妻，庶可免一家兒性命。〔夫人哭云〕俺家無犯法之男，再婚之女，怎捨得你獻與賊漢，卻不辱沒了俺家譜！〔潔云〕俺同到法堂兩廊下，問僧俗有高見者，俺一同商議个長便。〔同到法堂科〕〔夫人云〕小姐卻是怎生？〔旦云〕不如將我與賊人，其便有五：

【後庭花】第一來免摧殘老太君；第二來免殿堂作灰燼；第三來諸僧無事得安存；第四來先君靈柩穩；第五來歡郎雖是未成人，

〔歡〕俺呵，打甚麼不緊。〔旦唱〕

須是崔家後代孫。鶯鶯爲惜己身，不行從著亂軍：諸僧眾汚血痕，將伽藍火內焚，先靈爲細塵，斷絕了愛弟親，割開了慈母恩。

【柳葉兒】呀，將俺一家兒不留一个齠齔，待從軍又怕辱沒了家門。我不如白練套頭兒尋个自盡，將我屍櫬，獻與賊人，也須得个遠害全身。

【青歌兒】母親，都做了鶯鶯生忿，對傍人一言難盡。母親，休愛惜鶯鶯這一身。您孩兒別有一計：不揀何人，建立功勛，殺退賊軍，掃蕩妖氛；倒陪家門，情願與英雄結婚姻，成秦晉。

〔夫人云〕此計較可。雖然不是門當戶對，也強如陷於賊中。長老在法堂上高叫：「兩廊僧俗，但有退兵之策的，倒陪房奩，斷送鶯鶯與他爲妻。」〔潔叫了，住〕〔末鼓掌上云〕我有退兵之策，何不問我？〔見夫人了〕〔潔云〕這秀才便是前日帶追薦的秀才。〔夫人云〕計將安在？〔末云〕「重賞之下，必有勇夫；賞罰若明，其計必成。」〔旦背云〕只願這生退了賊者。

〔夫人云〕恰才與長老說下，但有退得賊兵的，將小姐與他爲妻。〔末云〕既是恁的，休唬了我渾家，請入臥房裏去，俺自有退兵之策。〔夫人云〕小姐和紅娘回去者！〔旦對紅云〕難得此生這一片好心！

【賺煞】諸僧衆各逃生，衆家眷誰睬問，這生不相識橫枝兒著緊。非是書生多議論，也堤防著玉石俱焚。雖然是不關親，可憐見命在逡巡，濟不濟權將秀才來儘。果若有《出師表》文，嚇蠻書信，張生呵，只願你筆尖兒橫掃了五千人。

楔子

〔夫人云〕此事如何？〔末云〕小生有一計，先用著長老。〔潔云〕老僧不會廝殺，請秀才別換一个。〔末云〕休慌，不要你廝殺。你出去與賊漢說：「夫人本待便將小姐出來，送與將軍，奈有父喪在身。不爭鳴鑼擊鼓，驚死小姐，也可惜了。將軍若要做女婿呵，可按甲束兵，退一射之地。限三日功德圓滿，脫了孝服，換上顏色衣服，倒陪房奩，定將小姐送與將軍。不爭便送來，一來父孝在身，二來於君不利。」你去說去。〔潔云〕三日後如何？〔末云〕有計在後。〔潔朝鬼門道叫科〕請將軍打話。〔飛虎引卒上云〕快送出鶯鶯來。〔潔云〕將軍息怒！夫人使老僧來與將軍說。〔說如前了〕〔飛虎云〕既然如此，限你三日後若不送來，我著你人人皆死，个个不存。你對夫人說去，恁的這般好性兒的女婿，教他招了者。〔引卒下〕〔潔云〕賊兵退了也，三日後不送出去，便都是死的。〔末云〕小子有一故人，姓杜名確，號爲白馬將軍，現統十萬大兵，鎮守著蒲關。一封書去，此人必來救我。此間離蒲關四十五里，寫了書呵，怎得人送去？〔潔云〕若是白馬將軍肯來，何慮孫飛虎。俺這裏有一个徒弟，喚作惠明，只是要吃酒廝打。若使央他去，定不肯去；須將言語激著他，他便去。〔末喚云〕有書寄與杜將軍，誰敢去？誰敢去？

〔惠明上唱〕

【正宮】【端正好】不念《法華經》，不禮梁皇懺，颩了僧伽帽，袒下我這偏衫。殺人心逗起英雄膽，兩隻手將烏龍尾鋼椽揝。

【滾繡球】非是我貪，不是我敢，知他怎生喚做打參，大踏步直殺出虎窟龍潭。非是我攙，不是我攬，這些時吃菜饅頭委實口淡，五千人也不索炙煿煎爁。腔子裏熱血權消渴，肺腑內生心且解饞，有甚腌臢！

【叨叨令】浮沙羹、寬片粉添些雜糝，酸黃虀、爛豆腐休調啖，萬餘斤黑麵從教暗，我將這五千人做一頓饅頭餡。是必休誤了也麼哥！休誤了也麼哥！包殘餘肉把青鹽蘸。

〔潔云〕張秀才著你寄書去蒲關，你敢去麼？〔惠唱〕

【倘秀才】你那裏問小僧敢去也那不敢，我這裏啓大師用咱也不用咱。你道是飛虎將聲名播斗南；那廝能淫欲，會貪婪，誠何以堪！

〔末云〕你是出家人，卻怎不看經禮懺，則廝打爲何？〔惠唱〕

【滾繡球】我經文也不會談，逃禪也懶去參；戒刀頭近新來鋼蘸，鐵棒上無半星兒土漬塵緘。別的都僧不僧、俗不俗，女不女、男不男，只會齋得飽也只向那僧房中胡渰，那裏怕焚燒了兜率伽藍。則爲那善文能武人千里，憑著這濟困扶危書一緘，有勇無慚。

〔末云〕他倘不放你過去如何？〔惠云〕他不放我呵，你放心！

【白鶴子】著幾个小沙彌把幢幡寶蓋擎，壯行者將桿棒鑊叉擔。你排陣脚將衆僧安，我撞釘子把賊兵來探。

【二】遠的破開步將鐵棒颩，近的順手把戒刀釤；有小的提起來將脚尖踢，有大的扳下來把髑髏勘。

【一】瞅一瞅古都都翻了海波，滉一滉廝琅琅震動山巖；脚踏得赤力力地軸搖，手扳得忽刺刺天關撼。

【耍孩兒】我從來駁駁劣劣，世不曾忑忑忐忐，打熬成不厭天生敢。我從來斬釘截鐵常居一，不似恁惹草拈花沒掂三。劣性子人皆慘，捨著命提刀仗劍，更怕甚勒馬停驂。

【二】我從來欺硬怕軟，吃苦不甘，你休只因親事胡撲掩。若是杜將軍不把干戈退，張解元干將風月擔，我將不志誠的言詞賺。倘或紕繆，倒大羞慚。

〔惠云〕將書來，你等回音者。

【收尾】您與我助威風擂幾聲鼓，仗佛力吶一聲喊。繡旗下遙見英雄俺，我教那半萬賊兵唬破膽。〔下〕

〔末云〕老夫人長老都放心，此書到日，必有佳音。咱「眼觀旌節旗，耳聽好消息」。你看「一封書札逡巡至，半萬雄兵咫尺來」。〔並下〕〔杜將軍引卒子上開〕林下晒衣嫌日淡，池中濯足恨魚腥；花根本艷公卿子，虎體原斑將相孫。自家姓杜，名確，字君實，本貫西洛人也。自幼與君瑞同學儒業，後棄文就武。當年武舉及第，官拜征西大將軍，正授管軍元帥，統領十萬之衆，鎮守著蒲關。有人自河中來，聽知君瑞兄弟在普救寺中，不來望我；著人去請，亦不肯來，不知主甚意。今聞丁文雅失政，不守國法，剽掠黎民；我爲不知虛實，未敢造次興師。孫子曰：「凡用兵之法，將受命於君，合軍聚衆，圮地無舍，衢地交合，絕地無留；圍地則謀，死地則戰；途有所不由，軍有所不擊，城有所不攻，地有所不爭，君命有所不受。故將通於九變之利者，知用兵矣。治兵不知九變之術，雖知五利，不能得人用矣。」吾之未疾進兵征討者，爲不知地利淺深出沒之故也。昨日探聽去，不見回報。今日升帳，看有甚軍情來，報我知道者！〔卒子引惠明和尚上開〕〔惠明云〕我離了普救寺，一日至蒲關，見杜將軍走一遭。〔卒報科〕〔將軍云〕著他過來！〔惠打問訊了云〕貧僧是普救寺來的，今有孫飛虎作亂，將半萬賊兵，圍往寺門，欲劫故臣崔相國女爲妻。有遊客張君瑞，奉書令小僧拜投于麾下，欲求將軍以解倒懸之危。〔將軍云〕將過書來！〔惠投書了〕〔將軍拆書念曰〕珙頓首再拜大元帥將軍契兄纛下：伏自洛中，拜違犀表，寒暄屢隔，積有歲月，仰德之私，銘刻如也。憶昔聯床風雨，嘆今彼各天涯；客況復生於肺腑，離愁無慰于羈懷。念貧處十年藜藿，走困他鄉；羨威統百萬貔貅，坐安邊境。故知虎體食天祿，瞻天表，大德勝常；使賤子慕台顏，仰台翰，寸心爲慰。輒稟：小弟辭家，欲詣帳下，以敘數載間闊之情；奈至河中府普救寺，忽值採薪之憂，不期有賊將孫飛虎，領兵半萬，欲劫故臣崔相國之女，實爲迫切狼狽。小弟之命，亦在逡巡。萬一朝廷知道，其罪何歸？將軍倘不棄舊交之情，興一旅之師；上以報天子之恩，下以救蒼生之急；使故相國雖在九泉，亦不泯將軍之德。願將軍虎視去書，使小弟鵠觀來旌。造次干瀆，不勝慚愧！伏乞台照不宣！張珙再拜。二月十六日書。〔將軍云〕既然如此，和尚你行，我便來。〔惠明云〕將軍是必疾來者！〔將軍云〕雖無聖旨發兵，「將在軍，君命有所不受」。大小三軍，聽吾將令：速點五千人馬，人盡銜枚，馬皆勒口，星夜起發，直至河中府普救寺救張生走一遭。〔飛虎引卒子上開〕〔將軍引卒子騎竹馬調陣拿綁下〕〔夫人、潔同末上云〕下書已兩日，不見回音。〔末云〕山門外吶喊搖旗，莫不是俺哥哥軍至了。〔末見將軍了〕〔引夫人拜了〕〔將軍云〕杜確有失防禦，致令老夫人受驚，切勿見罪是幸！〔末拜

將軍了〕自別兄長台顏，一向有失聽教；今得一見，如撥雲睹日。〔夫人云〕老身子母，如將軍所賜之命，將何補報？〔將軍云〕不敢，此乃職分之所當爲。敢問賢弟，因甚不至戎帳？〔末云〕小弟欲來，奈小疾偶作，不能動止，所以失敬。今見夫人受困，所言退得賊兵者，以小姐妻之，因此愚弟作書請吾兄。〔將軍云〕既然有此姻緣，可賀，可賀！〔夫人云〕安排茶飯者！〔將軍云〕不索，尚有餘黨未盡，小官去捕了，卻來望賢弟。左右那裏，去斬孫飛虎去！〔拿賊了〕本欲斬首示衆，具表奏聞，見丁文雅失守之罪；恐有未叛者，今將爲首各杖一百，餘者盡歸舊營去者！〔孫飛虎謝了下〕〔將軍云〕張生建退賊之策，夫人面許結親；若不違前言，淑女可配君子也。〔夫人云〕恐小女有辱君子。〔末云〕請將軍筵席者！〔將軍云〕我不吃筵席了，我回營去，異日卻來慶賀。〔末云〕不敢久留兄長，有勞台候。〔將軍望蒲關起發〕〔衆念云〕馬離普救敲金鐙，人望蒲關唱凱歌。〔下〕〔夫人云〕先生大恩，不敢忘也。自今先生休在寺裏下，只著僕人寺內養馬，足下來家內書院裏安歇。我已收拾了，便搬來者。到明日略備草酌，著紅娘來請，你是必來一會，別有商議。〔下〕〔末云〕這事都在長老身上。〔問潔云〕小子親事未知何如？〔潔云〕鶯鶯親事擬定妻君。「只因兵火至，引起雨雲心。」〔下〕〔末云〕小子收拾行李去花園裏去也。〔下〕

第二折

〔夫人上云〕今日安排下小酌，單請張生酬勞。道與紅娘，疾忙去書院中請張生，著他是必便來，休推故。〔下〕〔末上云〕夜來老夫人說，著紅娘來請我，卻怎生不見來？我打扮著等他。皂角也使過兩个也，水也換了兩桶也，烏紗帽擦得光掙掙的。怎麼不見紅娘來也呵？〔紅娘上云〕老夫人使我請張生。我想若非張生妙計呵，俺一家兒性命難保也呵。

【中呂】【粉蝶兒】半萬賊兵，捲浮雲片時掃淨，俺一家兒死裏逃生。舒心的列山靈，陳水陸，張君瑞合當欽敬。當日所望無成，誰想一緘書倒爲了媒證。

【醉春風】今日个東閣玳筵開，煞強如西廂和月等。薄衾單枕有人溫，早則不冷、冷、冷。受用足寶鼎香濃，繡簾風細，緑窗人靜。

可早來到也。

【脫布衫】幽僻處可有人行，點蒼苔白露泠泠。隔窗兒咳嗽了一聲，

〔紅敲門科〕〔末云〕是誰來也？〔紅云〕是我。

他啓朱唇急來答應。

〔末云〕拜揖小娘子。〔紅唱〕

【小梁州】只見他叉手忙將禮數迎，我這裏「萬福，先生」。烏紗小帽耀人明，白襴淨，角帶傲黃鞓。

【幺篇】衣冠濟楚龐兒俊，可知道引動俺鶯鶯。據相貌，憑才性，我從來心硬，一見了也留情。

〔末云〕「既來之，則安之。」請書房內說話。小娘子此行爲何？〔紅云〕賤妾奉夫人嚴命，特請先生小酌數杯，勿卻。〔末云〕便去，便去。敢問席上有鶯鶯姐姐麼？〔紅唱〕

【上小樓】「請」字兒不曾出聲，「去」字兒連忙答應；可早鶯鶯根前，「姐姐」呼之，喏喏連聲。秀才每聞道「請」，恰便似聽將軍嚴令，和他那五臟神願隨鞭鐙。

〔末云〕今日夫人端的爲甚麼筵席？〔紅唱〕

【幺篇】第一來爲壓驚，第二來因謝承。不請街坊，不會親鄰，不受人情。避衆僧，請老兄，和鶯鶯匹聘。

〔末云〕如此小生歡喜。〔紅〕

只見他歡天喜地，謹依來命。

〔末云〕小生客中無鏡，敢煩小娘子看小生一看何如？〔紅唱〕

【滿庭芳】來回顧影，文魔秀士，風欠酸丁。下工夫將額顱十分掙，遲和疾擦倒蒼蠅，光油油耀花人眼睛，酸溜溜螫得人牙疼。

〔末云〕夫人辦甚麼請我？〔紅〕

茶飯已安排定，淘下陳倉米數升，煠下七八碗軟蔓青。

〔末云〕小生想來：自寺中一見了小姐後，不想今日得成婚姻，豈不爲前生分定？〔紅云〕姻緣非人力所爲，天意爾。

【快活三】咱人一事精，百事精；一無成，百無成。世間草木本無情，

自古云：「地生連理木，水出並頭蓮。」

他猶有相兼併。

〔末云〕你姐姐果有信行？〔紅〕

【朝天子】休道這生，年紀兒後生，恰學害相思病。天生聰俊，打扮素淨，奈夜夜成孤另。才子多情，佳人薄幸，兀的不擔閣了人性命。

誰無一个信行，誰無一个志誠，你兩个今夜親折證。

我囑咐你咱！

【四邊靜】今宵歡慶，軟弱鶯鶯，可曾慣經。你索款款輕輕，燈下交鴛頸。端詳可憎，好煞人也無乾淨！

〔末云〕小娘子先行，小生收拾書房便來。敢問那裏有甚麼景致？〔紅唱〕

【耍孩兒】俺那裏落紅滿地胭脂冷，休孤負了良辰媚景。夫人遣妾莫消停，請先生勿得推稱。俺那裏准備著鴛鴦夜月銷金帳，孔雀春風軟玉屏。樂奏合歡令，有鳳簫象板，錦瑟鸞笙。

〔末云〕小生書劍飄零，無以爲財禮，卻是怎生？〔紅唱〕

【四煞】聘財斷不爭，婚姻自有成，新婚燕爾安排定。你明博得跨鳳乘鸞客，我到晚來臥看牽牛織女星。休僥幸，不要你半絲兒紅綫，成就了一世兒前程。

【三煞】憑著你滅寇功，舉將能，兩般兒功效如紅定。爲甚俺鶯娘心下十分順，都只爲君瑞胸中百萬兵。越顯得文風盛，受用足珠圍翠繞，結果了黃卷青燈。

【二煞】夫人只一家，老兄無伴等，爲嫌繁冗尋幽靜。

〔末云〕別有甚客人？〔紅〕

單請你个有恩有義閑中客，且迴避了無是無非窗下僧。夫人的命，道足下莫教推托，和賤妾即便隨行。

〔末云〕小娘子先行，小生隨後便來。〔紅唱〕

【收尾】先生休作謙，夫人專意等。常言道「恭敬不如從命」，休使得梅香再來請。〔下〕

〔末云〕紅娘去了，小生拽上書房門者。我比及到得夫人那裏，夫人道：「張生，你來了也，飲幾杯酒，去臥房內和鶯鶯做親去！」

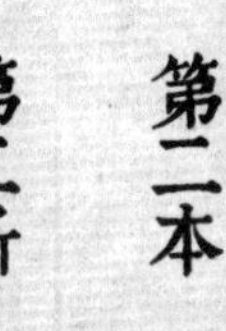

小生到得臥房內，和姐姐解帶脫衣，顛鸞倒鳳，同諧魚水之歡，共效于飛之願。覷他雲鬟低墜，星眼微朦，被翻翡翠，襪繡鴛鴦；不知性命何如？且看下回分解。

〔笑云〕單羨法本好和尚也：只憑說法口，遂卻讀書心。〔下〕

第三折

〔夫人排桌子上云〕紅娘去請張生，如何不見來？〔紅見夫人云〕張生著紅娘先行，隨後便來也。〔末上見夫人施禮科〕〔夫人云〕前日若非先生，焉得有今日；我一家之命，皆先生所活也。聊備小酌，非爲報禮，勿嫌輕意。〔末云〕「一人有慶，兆民賴之。」此賊之敗，皆夫人之福。萬一杜將軍不至，我輩皆無免死之術。此皆往事，不必掛齒。〔夫人云〕將酒來，先生滿飲此杯。〔末云〕「長者賜，少者不敢辭。」〔末做飲酒科〕〔末把夫人酒了〕〔夫人云〕先生請坐！〔末云〕小子侍立座下，尚然越禮，焉敢與夫人對坐。〔夫人云〕道不得个「恭敬不如從命」。〔末謝了，坐〕〔夫人云〕紅娘，去喚小姐來，與先生行禮者！〔紅朝鬼門道喚云〕老夫人後堂待客，請小姐出來哩！〔旦應云〕我身子有些不停當，來不得。〔紅云〕你道請誰哩？〔旦云〕請誰？〔紅云〕請張生哩？〔旦云〕若請張生，扶病也索走一遭。〔紅發科了〕〔旦上〕免除崔氏全家禍，盡在張生半紙書。

【雙調】【五供養】若不是張解元識人多，別一个怎退干戈。排著酒果，列著笙歌。篆煙微，花香細，散滿東風簾幙。救了咱全家禍，殷勤呵正禮，欽敬呵當合。

【新水令】恰才向碧紗窗下畫了雙蛾，拂拭了羅衣上粉香浮涴，只將指尖兒輕輕的貼了鈿窩。若不是驚覺人呵，猶壓著繡衾臥。

〔紅云〕覷俺姐姐這个臉兒吹彈得破，張生有福也呵！〔旦唱〕

【幺篇】沒查沒利謊僂儸，你道我宜梳妝的臉兒吹彈得破。

〔紅云〕俺姐姐天生的一个夫人的樣兒。〔旦〕你那裏休聒，不當一个信口開合。知他命福是如何？我做一个夫人也做得過。

〔紅云〕往常兩个都害，今日早則喜也！〔旦唱〕

【喬木查】我相思爲他，他相思爲我，從今後兩下裏相思都較可。酬賀間禮當酬賀，俺母親也好心多。

〔紅云〕敢著小姐和張生結親呵，怎生不做大筵席，會親戚朋友，安排小酌爲何？〔旦云〕紅娘，你不知夫人意。

【攪箏琶】他怕我是賠錢貨，兩當一便成合。據著他舉將除賊，也消得家緣過活。費了甚一股那，便待要結絲蘿；休波，省人情的奶奶忒慮過，恐怕張羅。

〔末云〕小子更衣咱。〔做撞見旦科〕〔旦唱〕

【慶宣和】門兒外，簾兒前，將小脚兒那。我恰待目轉秋波，誰想那識空便的靈心兒早瞧破。唬得我倒躲，倒躲。

〔末見旦科〕〔夫人云〕小姐近前拜了哥哥者！〔末背云〕呀，聲息不好了也！〔旦云〕呀，俺娘變了卦也！〔紅云〕這相思又索害也。〔旦唱〕

【雁兒落】荊棘刺怎動那！死沒騰無回豁！措支刺不對答！軟兀刺難存坐！

【得勝令】誰承望這即即世世老婆婆，著鶯鶯做妹妹拜哥哥。白茫茫溢起藍橋水，不鄧鄧點著祅廟火。碧澄澄清波，撲刺刺將比目魚分破；急攘攘因何，扢搭地把雙眉鎖納合。

〔夫人云〕紅娘看熱酒，小姐與哥哥把盞者！〔旦唱〕

【甜水令】我這裏粉頸低垂，蛾眉頻蹙，芳心無那，俺可甚「相見話偏多」？星眼朦朧，檀口嗟咨，攧窨不過，這席面兒暢好是烏合。

〔旦把酒科〕〔夫人央科〕〔末云〕小生量窄。〔旦云〕紅娘接了臺盞者！

【折桂令】他其實嚥不下玉液金波。誰承望月底西廂，變做了夢裏南柯。淚眼偷淹，酩子裏揾濕香羅。他那裏眼倦開軟癱做一垛；我這裏手難擡稱不起肩窩。病染沈痾，斷然難活。則被你送了人呵，當甚麼嘍囉。

〔夫人云〕再把一盞者！〔紅遞盞了〕〔紅背與旦云〕姐姐，這煩惱怎生是了！〔旦唱〕

【月上海棠】而今煩惱猶閑可，久後思量怎奈何？有意訴衷腸，爭奈母親側坐，成拋躲，咫尺間如間闊。

【幺篇】一杯悶酒尊前過，低首無言自摧挫。不甚醉顏酡，卻早嫌玻璃盞大。從因我，酒上心來較可。

〔夫人云〕紅娘送小姐臥房裏去者！〔旦辭末出科〕〔旦云〕俺娘好口不應心也呵！

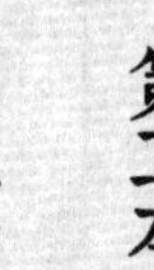

西廂記

第二本 第三折

【喬牌兒】老夫人轉關兒沒定奪，啞謎兒怎猜破；黑閣落甜話兒將人和，請將來著人不快活。

【江水兒】佳人自來多命薄，秀才們從來懦。悶殺沒頭鵝，撇下陪錢貨；下場頭那答兒發付我！

【殿前歡】恰才个笑呵呵，都做了江州司馬淚痕多。若不是一封書將半萬賊兵破，俺一家兒怎得存活。他不想結姻緣想甚麼？到如今難著莫。老夫人謊到天來大；當日成也是您个母親，今日敗也是您个蕭何。

【離亭宴帶歇指煞】從今後玉容寂寞梨花朵，胭脂淺淡櫻桃顆，這相思何時是可？昏鄧鄧黑海來深，白茫茫陸地來厚，碧悠悠青天來闊；太行山般高仰望，東洋海般深思渴。毒害的恁麼。俺娘呵，將顫巍巍雙頭花蕊搓，香馥馥同心縷帶割，長攙攙連理瓊枝挫。白頭娘不負荷，青春女成擔閣，將俺那錦片也似前程蹬脫。俺娘把甜句兒落空了他，虛名兒誤賺了我。〔下〕

〔末云〕小生醉也，告退。夫人根前，欲一言以盡意，未知可否？前者賊寇相迫，夫人所言，能退賊者，以鶯鶯妻之。小生挺身而出，作書與杜將軍，庶幾得免夫人之禍。今日命小生赴宴，將謂有喜慶之期；不知夫人何見，以兄妹之禮相待？小生非圖哺啜而來，此事果若不諧，小生即當告退。〔夫人云〕先生縱有活我之恩，奈小姐先相國在日，曾許下老身侄兒鄭恒。即日有書赴京喚去了，未見來。如若此子至，其事將如之何？莫若以金帛相酬，先生揀豪門貴宅之女，別爲之求，先生台意若何？〔末云〕既然夫人不與，小生何慕金帛之色？卻不道「書中有女顏如玉」？只今日便索告辭。〔夫人云〕你且住者，今日有酒也。紅娘扶將哥哥去書房中歇息，到明日咱別有話說。〔下〕〔紅扶末科〕〔末念〕有分只熬蕭寺夜，無緣難遇洞房春。〔紅云〕張生，少吃一盞卻不好！〔末云〕我吃甚麼來！〔末跪紅科〕小生爲小姐，晝夜忘餐廢寢，魂勞夢斷，常忽忽如有所失。自寺中一見，隔墻酬和，迎風待月，受無限之苦楚。甫能得成就婚姻，夫人變了卦，使小生智竭思窮，此事幾時是了！小娘子怎生可憐見小生，將此意申與小姐，知小生之心。就小娘子前解下腰間之帶，尋个自盡。〔末念〕可憐刺股懸梁志，險作離鄉背井魂。〔紅〕街上好賤柴，燒你个傻角。你休慌，妾當與君謀之。〔末云〕計將安在？小生當築壇拜將。〔紅云〕妾見先生有囊琴一張，必善於此。俺小姐深慕於琴。今夕妾與小姐同至花園内燒夜香，但聽咳嗽爲令，先生動操；看小姐聽得時，說甚麼言語，卻將先生之言達知。若有話說，明日妾來回報，這早晚怕夫人尋我，回去也。〔下〕

第四折

〔末上云〕紅娘之言，深有意趣。天色晚也，月兒，你早些出來麼！〔焚香了〕呀，卻早發擂也；呀，卻早撞鐘也。〔做理琴科〕琴呵，小生與足下湖海相隨數年，今夜這一場大功，都在你這神品、金徽、玉軫、蛇腹、斷紋、嶧陽、焦尾、冰弦之上。天那！卻怎生借得一陣順風，將小生這琴聲吹入俺那小姐玉琢成、粉捏就、知音的耳朵裏去者！〔旦引紅上，紅云〕小姐，燒香去來，好明月也呵！〔旦云〕事已無成，燒香何濟！月兒，你團圓呵，咱卻怎生？

【越調】【鬪鵪鶉】雲斂晴空，冰輪乍湧；風掃殘紅，香階亂擁；離恨千端，閑愁萬種。夫人那，「靡不有初，鮮克有終」。他做了個影兒裏的情郎，我做了個畫兒裏的愛寵。

【紫花兒序】只落得心兒裏念想，口兒裏閑題，只索向夢兒裏相逢。俺娘昨日个大開東閣，我只道怎生般炮鳳烹龍？朦朧，可教我「翠袖殷勤捧玉鐘」，卻不道「主人情重」？只爲那兄妹排連，因此上魚水難同。

〔紅云〕姐姐，你看月闌，明日敢有風也？〔旦云〕風月天邊有，人間好事無。

【小桃紅】人間看波，玉容深鎖繡幃中，怕有人搬弄。想嫦娥，西沒東生有谁共？怨天公，裴航不作遊仙夢。這雲似我羅幃數重，只恐怕嫦娥心動，因此上圍住廣寒宮。

〔紅做咳嗽科〕〔末云〕來了。〔做理琴科〕〔旦云〕這甚麼響？〔紅發科〕〔旦唱〕

【天淨沙】莫不是步搖得寶髻玲瓏？莫不是裙拖得環珮玎玲？莫不是鐵馬兒檐前驟風？莫不是金鈎雙控，吉丁當敲響簾櫳？

【調笑令】莫不是梵王宮，夜撞鐘？莫不是疎竹瀟瀟曲檻中？莫不是牙尺剪刀聲相送？莫不是漏聲長滴響壺銅？潛身再聽在墻角東，原來是近西廂理連結絲桐。

【禿廝兒】其聲壯，似鐵騎刀槍冗冗；其聲幽，似落花流水溶溶；其聲高，似風清月朗鶴唳空；其聲低，似聽兒女語，小窗中，喁喁。

【聖藥王】他那裏思不窮，我這裏意已通，嬌鸞雛鳳失雌雄；他曲未終，我意轉濃，爭奈伯勞飛燕各西東：盡在不言中。

我近書窗聽咱。〔紅云〕姐姐，你這裏聽，我瞧夫人一會便來。〔末云〕窗外有人，已定是小姐，我將弦改過，彈一曲，就歌一篇，名曰《鳳求凰》。昔日司馬相如得此曲成事，我雖不及相如，願小姐有文君之意。〔歌曰〕有美人兮，見之不忘。一日不見兮，

思之如狂。鳳飛翩翩兮，四海求凰。無奈佳人兮，不在東墻。張弦代語兮，欲訴衷腸。何時見許兮，慰我彷徨？願言配德兮，攜手相將！不得于飛兮，使我淪亡。〔旦云〕是彈得好也呵！其詞哀，其意切，凄凄然如鶴唳天；故使妾聞之，不覺淚下。

【麻郎兒】這的是令他人耳聰，訴自己情衷。知音者芳心自懂，感懷者斷腸悲痛。

【幺篇】這一篇與本宮、始終、不同。又不是《清夜聞鐘》，又不是《黃鶴》《醉翁》，又不是《泣麟》《悲鳳》。

【絡絲娘】一字字更長漏永，一聲聲衣寬帶鬆。別恨離愁，變成一弄。張生呵，越教人知重。

〔末云〕夫人且做忘恩，小姐，你也說謊也呵！〔旦云〕你差怨了我。

【東原樂】這的是俺娘的機變，非干是妾身脫空；若由得我呵，乞求得效鸞鳳。俺娘無夜無明併女工；我若得些兒閑空，張生呵，怎教你無人處把妾身做誦。

【綿搭絮】疎簾風細，幽室燈清，都只是一層兒紅紙，幾榥兒疎欞，兀的不是隔著雲山幾萬重，怎得个人來信息通？便做道十二巫峯，他也曾賦高唐來夢中。

〔紅云〕夫人尋小姐哩，咱家去來。〔旦唱〕

【拙魯速】只見他走將來氣沖沖，怎不教人恨匆匆，唬得人來怕恐。早是不曾轉動，女孩兒家直恁響喉嚨！緊摩弄，索將他攔縱，只恐怕夫人行把我來廝葬送。

〔紅云〕姐姐只管聽琴怎麼？張生著我對姐姐說，他回去也。〔旦云〕好姐姐呵，是必再著他住一程兒！〔紅云〕再說甚麼？

〔旦云〕你去呵，

【尾】只說道夫人時下有人唧噥，好共歹不著你落空。不問俺口不應的狠毒娘，怎肯著別離了志誠種？〔並下〕

【絡絲娘煞尾】不爭惹恨索情鬥引，少不得廢寢忘餐病症。

題目　張君瑞破賊計　莽和尚生殺心

正名　小紅娘畫請客　崔鶯鶯夜聽琴

第三本　張君瑞害相思雜劇

楔子

〔旦上云〕自那夜聽琴後，聞說張生有病，我如今著紅娘去書院裏，看他說甚麼。〔叫紅科〕〔紅上云〕姐姐喚我，不知有甚事，須索走一遭。〔旦云〕這般身子不快呵，你怎麼不來看我？〔紅云〕你想張……〔旦云〕張甚麼？〔紅云〕我張著姐姐哩。〔旦云〕我有一件事央及你咱。〔紅云〕甚麼事？〔旦云〕你與我望張生去走一遭，看他說甚麼，你來回我話者。〔紅云〕我不去，夫人知道不是耍。〔旦云〕好姐姐，我拜你兩拜，你便與我走一遭！〔紅云〕侍長請起，我去則便了。說道：張生，你好生病重，只俺姐姐也不弱。「只因午夜調琴手，引起春閨愛月心。」

【仙呂】【賞花時】俺姐姐針綫無心不待拈，脂粉香消懶去添。春恨壓眉尖，若得靈犀一點，敢醫可了病懨懨。〔下〕

〔旦云〕紅娘去了，看他回來說甚話，我自有主意。〔下〕

第一折

〔末上云〕害殺小生也。自那夜聽琴後，再不能夠見俺那小姐。我著長老說將去，道張生好生病重，卻怎生不見人來看我？卻思量上來，我睡些兒咱。〔紅上云〕奉小姐言語，著我看張生，須索走一遭。我想咱們一家，若非張生，怎存俺一家兒性命也？

【仙呂】【點絳唇】相國行祠，寄居蕭寺。因喪事，幼女孤兒，將欲從軍死。

【混江龍】謝張生伸志，一封書到便興師。顯得文章有用，足見天地無私。若不是剪草除根半萬賊，險些兒滅門絕戶了俺一家兒。鶯鶯君瑞，許配雄雌；夫人失信，推託別詞；將婚姻打滅，以兄妹爲之。如今都廢卻成親事，一个價糊突了胸中錦繡，一个價淚揾濕了臉上胭脂。

【油葫蘆】憔悴潘郎鬢有絲；杜韋娘不似舊時，帶圍寬清減了瘦腰肢。一个睡昏昏不待觀經史，一个意懸懸懶去拈針指；一个絲桐上調弄出離恨譜，一个花箋上刪抹成斷腸詩；一个筆下寫幽情，一个弦上傳心事：兩下裏都一樣害相思。

【天下樂】方信道才子佳人信有之，紅娘看時，有些乖性兒，則怕有情人不遂心也似此。他害的有些抹媚，我遭著沒三思，一納頭安排著憔悴死。

卻早來到書院裏，我把唾津兒潤破窗紙，看他在書房裏做甚麼。

【村裏迓鼓】我將這紙窗兒潤破，悄聲兒窺視。多管是和衣兒睡起，羅衫上前襟褶衽。孤眠況味，淒涼情緒，無人伏侍。覷了他澀滯氣色，聽了他微弱聲息，看了他黃瘦臉兒。張生呵，你若不悶死多應是害死。

【元和令】金釵敲門扇兒。

〔末云〕是誰？〔紅唱〕

我是个散相思的五瘟使。俺小姐想著風清月朗夜深時，使紅娘來探爾。

〔末云〕既然小娘子來，小姐必有言語。〔紅唱〕

俺小姐至今脂粉未曾施，念到有一千番張殿試。

〔末云〕小姐既有見憐之心，小生有一簡，敢煩小娘子達知肺腑咱。〔紅云〕只恐他翻了面皮。

【上馬嬌】他若是見了這詩，看了這詞，他敢顛倒費神思。他拽扎起面皮來：「查得誰的言語你將來，這妮子怎敢胡行事？」他可敢嗤、嗤的扯做了紙條兒。

〔末云〕小生久後多以金帛拜酬小娘子。〔紅唱〕

【勝葫蘆】哎，你个饞窮酸俫沒意兒，賣弄你有家私，莫不圖謀你的東西來到此？先生的錢物，與紅娘做賞賜，是我愛你的金資？

【幺篇】你看人似桃李春風牆外枝，賣俏倚門兒。我雖是个婆娘有志氣。只說道：「可憐見小子，隻身獨自！」恁的呵顛倒有个尋思。

〔末云〕依著姐姐，可憐見小子隻身獨自！〔紅云〕兀的不是也，你寫來，咱與你將去。〔末寫科〕〔紅云〕寫得好呵，讀與我聽咱。〔末讀云〕珙百拜奉書芳卿可人妝次：自別顏範，鴻稀鱗絕，悲愴不勝。孰料夫人以恩成怨，變易前姻，豈得不爲失信乎？使小生目視東牆，恨不得腋翅於汝臺左右；患成思渴，垂命有日。因紅娘至，聊奉數字，以表寸心。萬一有見憐之意，書以擲下，庶幾尚可保養。造次不謹，伏乞情恕！後成五言詩一首，就書錄呈：相思恨轉添，謾把瑤琴弄。樂事又逢春，芳心爾亦動。此情不可違，芳譽何須奉？莫負月華明，且憐花影重。〔紅唱〕

【後庭花】我只道拂花箋打稿兒，原來他染霜毫不構思。先寫下幾句寒溫序，後題著五言八句詩。不移時，把花箋錦字，疊做个同心方勝兒。太聰明，太敬思，太風流，太浪子。雖然是假意兒，小可的難到此。

【青歌兒】顛倒寫鴛鴦兩字，方信道「在心爲志」。

〔末云〕姐姐將去，是必在意者！〔紅唱〕

看喜怒其間覷个意兒。放心波學士！我願爲之，並不推辭，自有言詞。則說道：「昨夜彈琴的那人兒，教傳示。」

這簡帖兒我與你將去，先生當以功名爲念，休墮了志氣者！

【寄生草】你將那偷香手，准備著折桂枝。休教那淫詞兒汚了龍蛇字，藕絲兒縛定鵾鵬翅，黃鶯兒奪了鴻鵠志；休爲這翠幃錦帳一佳人，誤了你玉堂金馬三學士。

〔末云〕姐姐在意者！〔紅云〕放心，放心！

【煞尾】沈約病多般，宋玉愁無二，清減了相思樣子。只你那眉眼傳情未了時，中心日夜藏之。怎敢因而，「有美玉於斯」，我須教有發落歸著這張紙。憑著我舌尖兒上說詞，更和這簡帖兒裏心事，管教那人兒來探你一遭兒。〔下〕

〔末云〕小娘子將簡帖兒去了，不是小生說口，只是一道會親的符籙。他明日回話，必有个次第。且放下心，須索好音來也。

「且將宋玉風流策，寄與蒲東窈窕娘。」〔下〕

第二折

〔旦上云〕紅娘伏侍老夫人不得空便，偌早晚敢待來也。起得早了些兒，困思上來，我再睡些兒咱。〔睡科〕〔紅上云〕奉小姐言語去看張生，因伏侍老夫人，未曾回小姐話去。不聽得聲音，敢以睡哩，我入去看一遭。

【中呂】【粉蝶兒】風靜簾閑，透紗窗麝蘭香散，啓朱扉搖響雙環。絳臺高，金荷小，銀釭猶燦。比及將暖帳輕彈，先揭起這梅紅羅軟簾偷看。

【醉春風】只見他釵軃玉斜橫，髻偏雲亂挽。日高猶自不明眸，暢好是懶、懶。〔旦做起身長嘆科〕〔紅唱〕半晌擡身，幾回搔耳，一聲長嘆。

我待便將簡帖兒與他，恐俺小姐有許多假處哩。我只將這簡帖兒放在妝盒兒上，看他見了說甚麼。〔旦做照鏡科，見帖看科〕

〔紅唱〕

【普天樂】晚妝殘，烏雲軃，輕勻了粉臉，亂挽起雲鬟。將簡帖兒拈，把妝盒兒按，開拆封皮孜孜看，顛來倒去不害心煩。

〔旦怒叫〕紅娘！〔紅做意云〕呀，決撒了也！

厭的早扢皺了黛眉。

〔旦云〕小賤人，不來怎麼！〔紅唱〕

忽的波低垂了粉頸，氳的呵改變了朱顏。

〔旦云〕小賤人，這東西那裏將來的？我是相國的小姐，誰敢將這簡帖來戲弄我，我幾曾慣看這等東西？告過夫人，打下你个小賤人下截來。〔紅云〕小姐使將我去，他著我將來。我不識字，知他寫著甚麼？

【快活三】分明是你過犯，沒來由把我摧殘；使別人顛倒惡心煩，你不慣，誰曾慣？

姐姐休鬧，比及你對夫人說呵，我將這簡帖兒去夫人行出首去來。〔旦做揪住科〕我逗你耍來。〔紅云〕放手，看打下下截來。

〔旦云〕張生兩日如何？〔紅云〕我只不說。〔旦云〕好姐姐，你說與我聽咱！〔紅唱〕

【朝天子】張生近間、面顏，瘦得來實難看。不思量茶飯，怕待動彈；曉夜將佳期盼，廢寢忘餐。黃昏清旦，望東墻淹淚眼。

〔旦云〕請个好太醫看他證候咱。〔紅云〕他證候吃藥不濟。

病患、要安，則除是出幾點風流汗。

〔旦云〕紅娘，不看你面時，我將與老夫人看，看他有何面目見夫人？雖然我家虧他，只是兄妹之情，焉有外事。紅娘，早是你口穩哩；若別人知呵，甚麼模樣。〔紅云〕你哄著誰哩，你把這个餓鬼弄得他七死八活，卻要怎麼？

【四邊靜】怕人家調犯，「早共晚夫人見些破綻，你我何安」。問甚麼他遭危難？攛斷、得上竿，掇了梯兒看。

〔旦云〕將描筆兒過來，我寫將去回他，著他下次休是這般。〔旦做寫科〕〔起身科云〕紅娘，你將去說：小姐看望先生，相待兄妹之禮如此，非有他意。再一遭兒是這般呵，必告夫人知道。和你个小賤人都有話說。〔旦擲書下〕〔紅唱〕

【脫布衫】小孩兒家口沒遮攔，一味的將言語摧殘。把似你使性子，休思量秀才，做多少好人家風範。〔紅做拾書科〕

【小梁州】他爲你夢裏成雙覺後單，廢寢忘餐。羅衣不奈五更寒，愁無限，寂寞淚闌干。

【幺篇】似這等辰勾空把佳期盼，我將這角門兒世不曾牢拴，只願你做夫妻無危難。我向這筵席頭上整扮，做一个縫了口的撮合山。

〔紅云〕我若不去來，道我違拗他，那生又等我回報，我須索走一遭。〔下〕〔末上云〕那書請紅娘將去，未見回話。我這封書去，必定成事，這早晚敢待來也。〔紅上〕須索回張生話去。小姐，你性兒忒慣得嬌了；有前日的心，那得今日的心來？

【石榴花】當日个晚妝樓上杏花殘，猶自怯衣單，那一片聽琴心清露月明間。昨日个向晚，不怕春寒，幾乎險被先生饌，那其間豈不胡顏。爲一个不酸不醋風魔漢，隔墻兒險化做了望夫山。

【鬬鵪鶉】你用心兒撥雨撩雲，我好意兒傳書寄簡。不肯搜自己狂爲，只待要覓別人破綻。受艾焙權時忍這番，暢好是奸。「張生是兄妹之禮，焉敢如此！」對人前巧語花言；——沒人處便想張生，——背地裏愁眉淚眼。

〔紅見末科〕〔末云〕小娘子來了。擎天柱，大事如何了也？〔紅云〕不濟事了，先生休傻。〔末云〕小生簡帖兒是一道會親的符籙，只是小娘子不用心，故意如此。〔紅云〕我不用心？有天理，你那簡帖兒好聽！

【上小樓】這的是先生命慳，須不是紅娘違慢。那簡帖兒倒做了你的招狀，他的勾頭，我的公案。若不是覷面顏，廝顧盼，擔饒輕慢，先生受罪，禮之當然。賤妾何辜？爭些兒把你娘拖犯。

【幺篇】從今後相會少，見面難。月暗西廂，鳳去秦樓，雲斂巫山。你也赸，我也赸；請先生休訕，早尋个酒闌人散。

〔紅云〕只此再不必申訴足下肺腑，怕夫人尋，我回去也。〔末云〕小娘子此一遭去，再著誰與小生分剖；必索做一个道理，方可救得小生一命。〔末跪下揪住紅科〕〔紅云〕張先生是讀書人，豈不知此意，其事可知矣。

【滿庭芳】你休要呆里撒奸；你待要恩情美滿，卻教我骨肉摧殘。老夫人手執著棍兒摩挲看，粗麻綫怎透得針關。直待我拄著拐幫閑鑽懶，縫合唇送暖偷寒。待去呵，小姐性兒撮鹽入火，消息兒踏著泛；

待不去呵，〔末跪哭云〕小生這一个性命，都在小娘子身上。〔紅唱〕禁不得你甜話兒熱趲：好著我兩下裏難人做。

我沒來由分說；小姐回與你的書，你自看者。〔末接科，開讀科〕呀，有這場喜事，撮土焚香，三拜禮畢。早知小姐簡至，理合遠接，接待不及，勿令見罪！小娘子，和你也歡喜。〔紅云〕怎麼？〔末云〕小姐罵我都是假，書中之意，著我今夜花園裏來，和他「哩也波，哩也囉」哩。〔紅云〕你讀書我聽。〔末云〕「待月西廂下，迎風戶半開，隔墻花影動，疑是玉人來。」〔紅云〕怎見得他著你來？你解與我聽咱。〔末云〕「待月西廂下」，著我月上來；「迎風戶半開」，他開門待我；「隔墻花影動，疑是玉人來」，著我跳過墻來。〔紅笑云〕他著你跳過墻來，你做下來。端的有此說麼？〔末云〕俺是个猜詩謎的社家，風流隋河，浪子陸賈，我那裏有差的勾當。〔紅云〕你看我姐姐，在我行也使這般道兒。

【耍孩兒】幾曾見寄書的顛倒瞞著魚雁，小則小心腸兒轉關。寫著西廂待月等得更闌，著你跳東墻「女」字邊「干」。原來那詩句兒裏包籠著三更棗，簡帖兒裏埋伏著九里山。他著緊處將人慢，您會雲雨鬧中取靜，我寄音書忙裏偷閑。

【四煞】紙光明玉板，字香噴麝蘭，行兒邊湮透非春汗？一緘情淚紅猶濕，滿紙春愁墨未乾。從今後休疑難，放心波玉堂學士，穩情取金雀鴉鬟。

【三煞】他人行別樣的親，俺根前取次看，更做道孟光接了梁鴻案。別人行甜言美語三冬暖，我根前惡語傷人六月寒。我爲頭兒看：看你个離魂倩女，怎發付擲果潘安。

〔末云〕小生讀書人，怎跳得那花園過也？〔紅唱〕

【二煞】隔墻花又低，迎風戶半拴，偷香手段今番按。怕墻高怎把龍門跳，嫌花密難將仙桂攀。放心去，休辭憚；你若不去呵，望穿他盈盈秋水，蹙損他淡淡春山。

〔末云〕小生曾到那花園裏，已經兩遭，不見那好處；這一遭知他又怎麼？〔紅云〕如今不比往常。

【煞尾】你雖是去了兩遭，我敢道不如這番。你那隔墻酬和都胡侃，證果的是今番這一簡。〔紅下〕

〔末云〕萬事自有分定，誰想小姐有此一場好處。小生是猜詩謎的社家，風流隋何，浪子陸賈，到那裏扢扎幫便倒地。今日

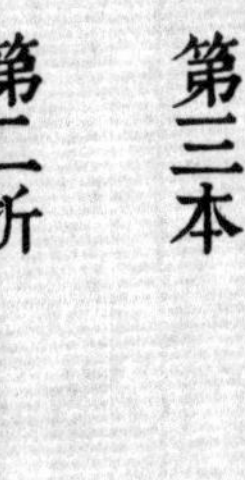

頹天百般的難得晚。天，你有萬物於人，何故爭此一日？疾下去波！「讀書繼晷怕黃昏，不覺西沈強掩門；欲赴海棠花下約，太陽何苦又生根？」〔看天云〕呀，才晌午也，再等一等。〔又看科〕今日萬般的難得下去也呵。「碧天萬里無雲，空勞倦客身心；恨殺魯陽貪戰，不教紅日西沉！」呀，卻早倒西也，再等一等咱。「無端三足烏，團團光爍爍；安得后羿弓，射此一輪落？」謝天地！卻早日下去也！呀，卻早發擂也！呀，卻早撞鐘也！拽上書房門，到得那裏，手挽著垂楊滴流撲跳過墻去。

〔下〕

第三折

〔紅上云〕今日小姐著我寄書與張生，當面偌多般假意兒，原來詩內暗約著他來。小姐也不對我說，我也不瞧破他，只請他燒香。今夜晚妝處比每日較別，我看他到其間怎的瞞我？〔紅喚科〕姐姐，咱燒香去來。〔旦云上〕花陰重疊香風細，庭院深沈淡月明。

〔紅云〕今夜月明風清，好一派景致也呵！

【雙調】【新水令】晚風寒峭透窗紗，控金鈎繡簾不掛。門闌凝暮靄，樓角斂殘霞。恰對菱花，樓上晚妝罷。

【駐馬聽】不近喧嘩，嫩綠池塘藏睡鴨，自然幽雅，淡黃楊柳帶棲鴉。金蓮蹴損牡丹芽，玉簪抓住荼蘼架。夜涼苔徑滑，露珠兒濕透了凌波襪。

我看那生和俺小姐巴不得到晚。

【喬牌兒】自從那日初時想月華，捱一刻似一夏；見柳梢斜日遲遲下，早道「好教賢聖打」。

【攪箏琶】打扮的身子兒詐，准備著雲雨會巫峽。只爲這燕侶鶯儔，鎖不住心猿意馬。

不只俺那姐姐害，那生呵！

二三日來水米不黏牙。因姐姐閉月羞花，真假，這其間性兒難按納，一地裏胡拿。

姐姐這湖山下立地，我開了寺裏角門兒。怕有人聽俺說話，我且看一看。〔做意了〕偌早晚傻角卻不來，赫赫赤赤，來。〔末云〕這其間正好去也，赫赫赤赤。〔紅云〕那鳥來了。

【沈醉東風】我只道槐影風搖暮鴉，原來是玉人帽側烏紗。一个潛身在曲檻邊，一个背立在湖山下；那裏敘寒溫，並不曾打話。

〔紅云〕赫赫赤赤，那鳥來了。〔末云〕小姐，你來也。〔摟住紅科〕〔紅云〕禽獸，是我，你看得好仔細著，若是夫人怎了。

〔末云〕小生害得眼花，摟得慌了些兒，不知是誰，望乞恕罪！〔紅唱〕

便做道摟得慌呵，你好索覷咱，多管是餓得你个窮神眼花。

〔末云〕小姐在那裏？〔紅云〕在湖山下，我問你咱。真个著你來哩？〔末云〕小生猜詩謎社家，風流隋何，浪子陸賈，准定扢扎幫便倒地。〔紅云〕你休從門裏去，只道我使你來。你跳過這墻去，今夜這一弄兒助你兩个成親。我說與你，依著我者。

【喬牌兒】你看那淡雲籠月華，似紅紙護銀蠟；柳絲花朵垂簾下，綠莎茵鋪著繡榻。

【甜水令】良夜迢迢，閑庭寂靜，花枝低亞。他是个女孩兒家，你索將性兒溫存，話兒摩弄，意兒謙洽；休猜做敗柳殘花。

【折桂令】他是个嬌滴滴美玉無瑕，粉臉生春，雲鬢堆鴉。恁的般受怕擔驚，又不圖甚浪酒閑茶。只你那夾被兒時當奮發，指頭兒告了消乏；打疊起嗟呀，畢罷了牽挂，收拾了憂愁，准備著撐達。

〔末做跳墻摟旦科〕〔旦云〕是誰？〔末云〕是小生。〔旦怒云〕張生，你是何等之人！我在這裏燒香，你無故至此；若夫人聞知，有何理說！〔末云〕呀，變了卦也！〔紅唱〕

【錦上花】爲甚媒人，心無驚怕；赤緊的夫妻們，意不爭差。我這裏躡足潛蹤，悄地聽咱：一个羞慚，一个怒發。

【幺篇】張生無一言，呀，鶯鶯變了卦。一个悄悄冥冥，一个絮絮答答。卻早禁住隋何，迸住陸賈，叉手躬身，妝聾做啞。

張生背地裏嘴那裏去了？向前摟住丟翻，告到官司，怕羞了你！

【清江引】沒人處只會閑嗑牙，就裏空奸詐。怎想湖山邊，不記「西廂下」。香美娘處分破花木瓜。

〔旦〕紅娘，有賊。〔紅云〕是誰？〔末云〕是小生。〔紅云〕張生，你來這裏有甚麼勾當？〔旦云〕扯到夫人那裏去！〔紅云〕到夫人那裏，怕壞了他行止。我與姐姐處分他一場。張生，你過來跪著！你既讀孔聖之書，必達周公之禮，夤夜來此何幹？

【雁兒落】不是俺一家兒喬作衙，說幾句衷腸話。我只道你文學海樣深，誰知你色膽有天來大？

〔紅云〕你知罪麼？〔末云〕小生不知罪。〔紅唱〕

【得勝令】誰著你夤夜入人家，非奸做賊拿。你本是个折桂客，做了偷花漢。不想去跳龍門，學騙馬。

姐姐，且看紅娘面饒過這生者！〔旦云〕若不看紅娘面，扯你到夫人那裏去，看你有何面目見江東父老？起來！〔紅唱〕

謝小姐賢達，看我面遂情罷。若到官司詳察，

「你既是秀才，只合苦志於寒窗之下，誰教你夜夤輒入人家花園，做得个非奸即盜。」先生呵，

整備精皮膚吃頓打。

〔旦云〕先生雖有活人之恩，恩則當報。既爲兄妹，何生此心？萬一夫人知之，先生何以自安？今後再勿如此，若更爲之，與足下決無干休。〔下〕〔末朝鬼門道云〕你著我來，卻怎麼有偌多說話！〔紅扳過末云〕羞也，羞也，卻不「風流隋何，浪子陸賈」？〔末云〕得罪波「社家」，今日便早則死心塌地。〔紅唱〕

【離亭宴帶歇指煞】再休題「春宵一刻千金價」，准備著「寒窗更守十年寡」。猜詩謎的社家，伱拍了「迎風戶半開」，山障了「隔墻花影動」，綠慘了「待月西廂下」。你將何郎粉面搽，他自把張敞眉兒畫。強風情措大，晴乾了尤雲殢雨心，悔過了竊玉偷香膽，刪抹了倚翠偎紅話。

〔末云〕小生再寫一簡，煩小娘子將去，以盡衷情如何？〔紅唱〕

淫詞兒早則休，簡帖兒從今罷。猶古自參不透風流調法。從今後悔罪也卓文君，你與我游學波漢司馬。〔下〕

〔末云〕你這小姐送了人也！此一念小生再不敢舉，奈有病體日篤，將如之奈何？夜來得簡方喜，今日強扶至此，又值這一場怨氣，眼見得休也。只索回書房中納悶去。桂子閑中落，槐花病裏看。〔下〕

第四折

〔夫人上云〕早間長老使人來，說張生病重。我著長老使人請个太醫去看了。一壁道與紅娘，看哥哥行問湯藥去者，問太醫下甚麼藥？證候如何？便來回話。〔下〕〔紅上云〕老夫人才說張生病沉重，昨晚吃我那一場氣，越重了。鶯鶯呵，你送了他人。〔下〕〔旦上云〕我寫一簡，只說道藥方；著紅娘將去與他，證候便可。〔旦喚紅科〕〔紅云〕姐姐喚紅娘怎麼？

〔旦云〕張生病重，我有一个好藥方兒，與我將去咱！〔紅云〕又來也！娘呵，休送了他人！〔旦云〕好姐姐，救人一命，將去咱！〔紅云〕不是你，一世也救他不得。如今老夫人使我去哩，我就與你將去走一遭。〔下〕〔旦云〕紅娘去了，我繡

房裏等他回話。〔下〕〔末上云〕自從昨夜花園中吃了這一場氣，投著舊證候，眼見得休了也。老夫人說著長老喚太醫來看我；我這頹證候，非是太醫所治的；只除是那小姐美甘甘、香噴噴、涼滲滲、嬌滴滴一點唾津兒嚥下去，這屌病便可。〔潔引太醫上，《雙鬥醫》科範了〕〔下〕〔潔云〕下了藥了，我回夫人話去，少刻再來相望。〔下〕〔紅上云〕俺小姐送得人如此，又著我去動問，送藥方兒去，越著他病沉了也。我索走一遭。異鄉易得離愁病，妙藥難醫腸斷人。

【越調】【鬭鵪鶉】只爲你彩筆題詩，迴文織錦；送得人臥枕著牀，忘餐廢寢；折倒得鬢似愁潘，腰如病沈。恨已深，病已沉，昨夜个熱臉兒對面搶白，今日个冷句兒將人廝侵。

昨夜這般搶白他呵！

【紫花兒序】把似你休倚著櫳門兒待月，依著韻腳兒聯詩，側著耳朵兒聽琴。

見了他撇假偌多話：「張生，我與你兄妹之禮，甚麼勾當！」

怒時節把一个書生來跌窨，歡時節——

「紅娘，好姐姐，去望他一遭！」

——將一个侍妾來逼臨。難禁，好著我似綫脚兒般殷勤不離了針。從今後教他一任，

這的是俺老夫人的不是：

將人的義海恩山，都做了遠水遙岑。

〔紅見末問云〕哥哥病體若何？〔末云〕害殺小生也！我若是死呵，小娘子，閻王殿前，少不得你做个干連人。〔紅嘆云〕

普天下害相思的不似你這个傻角。

【天淨沙】心不存學海文林，夢不離柳影花陰，只去那竊玉偷香上用心。又不曾得甚，自從海棠開想到如今。

因甚的便病得這般了？〔末云〕都因你行——怕說的謊——因小侍長上來，當夜書房一氣一个死。小生救了人，反被害了。

自古人云：「癡心女子負心漢。」今日反其事了。〔紅唱〕

【調笑令】我這裏自審，這病爲邪淫；尸骨岩岩鬼病侵。更做道秀才們從來恁，似這般乾相思的好撒唔！功名上早則不遂心，婚

姻上更返吟復吟。

〔紅云〕老夫人著我來看哥哥，要甚麼湯藥。小姐再三伸敬，有一藥方送來與先生。〔末做慌科〕在那裏？〔紅云〕用著幾般兒生藥，各有制度，我說與你：

【小桃紅】「桂花」搖影夜深沉，酸醋「當歸」浸。

〔末云〕桂花性溫，當歸活血，怎生制度？〔紅唱〕

面靠著湖山背陰裏窨，這方兒最難尋。一服兩服令人恁。

〔末云〕忌甚麼物？〔紅唱〕

忌的是「知母」未寢，怕的是「紅娘」撒沁。吃了呵，穩情取「使君子」一星兒「參」。

這藥方兒小姐親筆寫的。〔末看藥方大笑科〕〔末云〕早知姐姐書來，只合遠接。小娘子——〔紅云〕又怎麼？卻早兩遭兒也。

〔末云〕——不知這首詩意，小姐待和小生「哩也波」哩。〔紅云〕不少了一些兒？

【鬼三臺】足下其實啉，休妝唔。笑你个風魔的翰林，無處問佳音，向簡帖兒上計稟。得了个紙條兒恁般綿裏針，若見玉天仙怎生軟廝禁？俺那小姐忘恩，赤緊的僂人負心。

書上如何說？你讀與我聽咱。〔末念云〕「休將閑事苦縈懷，取次摧殘天賦才。不意當時完妾命，豈防今日作君災？仰圖厚德難從禮，謹奉新詩可當媒。寄語高唐休詠賦，今宵端的雨雲來。」此韻非前日之比，小姐必來。〔紅云〕他來呵怎生？

【禿廝兒】身臥著一條布衾，頭枕著三尺瑤琴；他來時怎生和你一處寢？凍得來戰兢兢，說甚知音？

【聖藥王】果若你有心，他有心，昨日鞦韆院宇深沉；花有陰，月有陰，「春宵一刻抵千金」，何須「詩對會家吟」？

〔末云〕小生有花銀十兩，有鋪蓋賃與小生一付。〔紅唱〕

【東原樂】俺那鴛鴦枕，翡翠衾，便遂殺了人心，如何肯賃？至如你不脫解和衣兒更怕甚？不強如手執定指尖兒恁。倘或成親，到大來福蔭。

〔末云〕小生爲小姐如此容色，莫不小姐爲小生也減動丰韻麼？〔紅唱〕

【綿搭絮】他眉彎遠山不翠，眼橫秋水無光，體若凝酥，腰如弱柳，俊的是龐兒俏的是心，體態溫柔性格兒沉。雖不會法灸神針，更勝似救苦難觀世音。

〔末云〕今夜成了事，小生不敢有忘。〔紅唱〕

【幺篇】你口兒裏漫沉吟，夢兒裏苦追尋。往事已沉，只言目今，今夜相逢管教恁。不圖你甚白璧黃金，只要你滿頭花，拖地錦。

〔末云〕怕夫人拘繫，不能夠出來。〔紅云〕只怕小姐不肯，果有意呵，

【煞尾】雖然是老夫人曉夜將門禁，好共歹須教你稱心。

〔末云〕休似昨夜不肯。〔紅云〕你掙揣咱，

來時節肯不肯盡由他，見時節親不親在於您。〔並下〕

【絡絲娘煞尾】因今宵傳言送語，看明日攜雲握雨。

題目　老夫人命醫士　崔鶯鶯寄情詩

正名　小紅娘問湯藥　張君瑞害相思

第四本　草橋店夢鶯鶯雜劇

楔子

〔旦上云〕昨夜紅娘傳簡去與張生，約今夕和他相見，等紅娘來做個商量。〔紅上云〕姐姐著我傳簡帖兒與張生，約他今宵赴約。俺那小姐，我怕又有說謊，送了他性命，不是耍處。我見小姐去，看他說甚麼。〔旦云〕紅娘收拾臥房，我睡去。〔紅云〕不爭你要睡呵，那裏發付那生？〔旦云〕甚麼那生？〔紅云〕姐姐，你又來也！送了人性命不是耍處。你若又番悔，我出首與夫人，你著我將簡帖兒約下他來。〔旦云〕這小賤人倒會放刁，羞人答答的，怎生去！〔紅云〕有甚的羞，到那裏只合著眼者。〔紅催鶯云〕去來去來，老夫人睡了也。〔旦走科〕〔紅云〕俺姐姐語言雖是強，脚步兒早先行也。

【仙呂】【端正好】因姐姐玉精神，花模樣，無倒斷曉夜思量。著一片志誠心蓋抹了漫天謊。出畫閣，向書房；離楚岫，赴高唐；學竊玉，試偷香；巫娥女，楚襄王；楚襄王敢先在陽臺上。〔下〕

第一折

〔末上云〕昨夜紅娘所遺之簡，約小生今夜成就。這早晚初更盡也，不見來呵，小姐休說謊咱！人間良夜靜復靜，天上美人來不來。

【仙呂】【點絳脣】佇立閑階，夜深香靄、橫金界。瀟洒書齋，悶殺讀書客。

【混江龍】彩雲何在，月明如水浸樓臺。僧歸禪室，鴉噪庭槐。風弄竹聲，只道金珮響；月移花影，疑是玉人來。意懸懸業眼，急攘攘情懷，身心一片，無處安排；只索呆答孩倚定門兒待。越越的青鸞信杳，黃犬音乖。

小生一日十二時，無一刻放下小姐，你那裏知道呵！

【油葫蘆】情思昏昏眼倦開，單枕側，夢魂飛入楚陽臺。早知道無明無夜因他害，想當初「不如不遇傾城色」。人有過，必自責，勿憚改。我卻待「賢賢易色」將心戒，怎禁他兜的上心來。

【天下樂】我只索倚定門兒手托腮，好著我難猜：來也那不來？夫人行料應難離側。望得人眼欲穿，想得人心越窄，多管是冤家不自在。

喏早晚不來，莫不又是謊麼？

【那吒令】他若是肯來，早身離貴宅；他若是到來，便春生敝齋；他若是不來，似石沉大海。數著他脚步兒行，倚定窗櫺兒待。寄語多才：

【鵲踏枝】恁的般惡搶白，並不曾記心懷；撥得個意轉心回，夜去明來。空調眼色經今半載，這其間委實難捱。

小姐這一遭若不來呵，

【寄生草】安排著害，准備著擡。想著這異鄉身強把茶湯捱，則爲這可憎才熬得心腸耐，辦一片志誠心留得形骸在。試著那司天臺打算半年愁，端的是太平車約有十餘載。

〔紅上云〕姐姐，我過去，你在這裏。〔紅敲門科〕〔末問云〕是誰？〔紅云〕是你前世的娘。〔末云〕小姐來麼？〔紅云〕你接了衾枕者，小姐入來也。張生，你怎麼謝我？〔末拜云〕小生一言難盡，寸心相報，惟天可表！〔紅云〕你放輕者，休諕了他！

〔紅推旦入云〕姐姐，你入去，我在門兒外等你。〔末見旦跪云〕張珙有何德能，敢勞神仙下降，知他是睡裏夢裏？

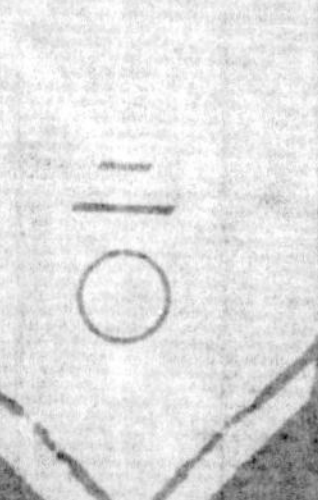

【村裏迓鼓】猛見他可憎模樣，——小生那裏病來——早醫可九分不快。先前見責，誰承望今宵歡愛！著小姐這般用心，不才張珙，合當跪拜。小生無宋玉般容，潘安般貌，子建般才；姐姐，你只是可憐見爲人在客！

【元和令】繡鞋兒剛半拆，柳腰兒勾一搦，羞答答不肯把頭擡，只將鴛枕捱。雲鬟仿佛墜金釵，偏宜鬆髻兒歪。

【上馬嬌】我將這鈕扣兒鬆，把縷帶兒解；蘭麝散幽齋。不良會把人禁害，咍，怎不肯回過臉兒來？

【勝葫蘆】我這裏軟玉溫香抱滿懷。呀，阮肇到天臺，春至人間花弄色。將柳腰款擺，花心輕拆，露滴牡丹開。

【幺篇】但蘸著些麻兒上來，魚水得和諧，嫩蕊嬌香蝶恣採。半推半就，又驚又愛，檀口揾香腮。

〔末跪云〕謝小姐不棄，張珙今夕得就枕席，異日犬馬之報。〔旦云〕妾千金之軀，一旦棄之。此身皆托於足下，勿以他日見棄，使妾有白頭之嘆。〔末云〕小生焉敢如此？〔末看手帕科〕

【後庭花】春羅原瑩白，早見紅香點嫩色。

〔旦云〕羞人答答的看甚麼？〔末〕

燈下偷睛覷，胸前著肉揣。暢奇哉，渾身通泰，不知春從何處來？無能的張秀才，孤身西洛客，自從逢稔色，思量的不下懷；憂愁因間隔，相思無擺劃；謝芳卿不見責。

【柳葉兒】我將你做心肝兒般看待，點汚了小姐清白。忘餐廢寢舒心害，若不是真心耐，志誠捱，怎能彀這相思苦盡甘來？

【青哥兒】成就了今宵歡愛，魂飛在九霄雲外。投至得見你多情小奶奶，憔悴形骸，瘦似麻稭。今夜和諧，猶自疑猜。露滴香埃，風靜閑階，月射書齋，雲鎖陽臺；審問明白，只疑是昨夜夢中來，愁無奈。

〔旦云〕我回去也，怕夫人覺來尋我。〔末云〕我送小姐出來。

【寄生草】多丰韻，忒稔色。乍時相見教人害，霎時不見教人怪，些兒得見教人愛。今宵同會碧紗廚，何時重解香羅帶。

〔紅云〕來拜你娘！張生，你喜也。姐姐，咱家去來。〔末唱〕

【煞尾】春意透酥胸，春色橫眉黛，賤卻人間玉帛。杏臉桃腮，乘著月色，嬌滴滴越顯得紅白。下香階，懶步蒼苔，動人處弓鞋鳳頭窄。嘆鯫生不才，謝多嬌錯愛。

若小姐不棄小生，此情一心者，你是必破工夫明夜早些來。〔下〕

第二折

〔夫人引倈上云〕這幾日竊見鶯鶯語言恍惚，神思加倍，腰肢體態，比向日不同；莫不做下來了麼？〔倈云〕前日晚夕，奶奶睡了，我見姐姐和紅娘燒香，半晌不回來，我家去睡了。〔夫人云〕這樁事都在紅娘身上，喚紅娘來！〔倈喚紅科〕〔紅云〕哥哥喚我怎麼？〔倈云〕奶奶知道你和姐姐花園裏去，如今要打你哩。〔紅云〕呀！小姐，你帶累我也！小哥哥，你先去，我便來也。〔紅喚旦科〕〔紅云〕姐姐，事發了也，老夫人喚我哩，卻怎了？〔旦云〕好姐姐，遮蓋咱！〔紅云〕娘呵，你做的隱秀者，我道你做下來也。〔旦念〕月圓便有陰雲蔽，花發須教急雨催。〔紅唱〕

【越調】【鬭鵪鶉】只著你夜去明來，倒有个天長地久；不爭你握雨攜雲，常使我提心在口。你只合帶月披星，誰著你停眠整宿？老夫人心數多，情性㑳；使不著我巧語花言，將沒做有。

【紫花兒序】老夫人猜那窮酸做了新婿，小姐做了嬌妻，這小賤人做了牽頭。俺小姐這些時春山低翠，秋水凝眸，別樣的都休，試把你裙帶兒拴，紐門兒扣，比著你舊時肥瘦，出落得精神，別樣的風流。

〔旦云〕紅娘，你到那裏小心回話者！〔紅云〕我到夫人處，必問：「這小賤人，

【金蕉葉】我著你但去處行監坐守，誰著你迤逗的胡行亂走？」若問著此一節呵如何訴休？你便索與他个「知情」的犯由。

姐姐，你受責理當，我圖甚麼來？

【調笑令】你繡幃裏效綢繆，倒鳳顛鸞百事有。我在窗兒外幾曾輕咳嗽，立蒼苔將繡鞋兒冰透。今日个嫩皮膚倒將粗棍抽，姐姐呵，俺這通殷勤的著甚來由？

姐姐在這裏等著，我過去。說過呵，休歡喜，說不過，休煩惱。〔紅見夫人科〕〔夫人云〕小賤人，爲甚麼不跪下！你知罪麼？〔紅跪云〕紅娘不知罪。〔夫人云〕你故自口強哩。若實說呵，饒你；若不實說呵，我直打死你這个賤人！誰著你和小姐花園裏去來？〔紅云〕不曾去，誰見來？〔夫人云〕歡郎見你去來，尚故自推哩。〔打科〕〔紅云〕夫人休閃了手，且息怒停嗔，

第二折

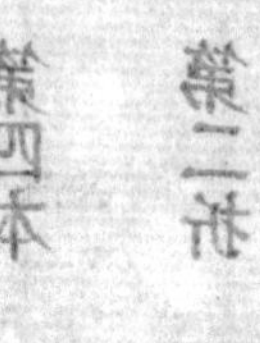

聽紅娘說。

【鬼三臺】夜坐時停了針繡，共姐姐閑窮究，說張生哥哥病久。咱兩个背著夫人，向書房問候。

〔夫人云〕問候呵，他說甚麼？〔紅云〕他說來，道「老夫人事已休，將恩變爲仇，著小生半途喜變做憂」。他道：「紅娘你且先行，教小姐權時落後。」

〔夫人云〕他是个女孩兒家，著他落後怎麽！〔紅唱〕

【禿廝兒】我只道神針法灸，誰承望燕侶鶯儔。他兩个經今月餘只是一處宿，何須你一一問緣由？

【聖藥王】他們不識憂，不識愁，一雙心意兩下投。夫人得好休，便好休，這其間何必苦追求？常言道「女大不中留」。

〔夫人云〕這端事都是你个賤人。〔紅云〕非是張生小姐紅娘之罪，乃夫人之過也。〔夫人云〕這賤人倒指下我來，怎麽是我之過？

〔紅云〕信者人之根本，「人而無信，不知其可也。大車無輗，小車無軏，其何以行之哉？」當日軍圍普救，夫人所許退軍者，以女妻之。張生非慕小姐顏色，豈肯區區建退軍之策？兵退身安，夫人悔卻前言，豈得不爲失信乎？既然不肯成其事，只合酬之以金帛，令張生捨此而去。卻不當留請張生於書院，使怨女曠夫，各相早晚窺視，所以夫人有此一端。目下老夫人若不息其事，一來辱沒相國家譜，二來張生日後名重天下，施恩於人，忍令反受其辱哉？使至官司，老夫人亦得治家不嚴之罪。官司若推其詳，亦知老夫人背義而忘恩，豈得爲賢哉？紅娘不敢自專，乞望夫人台鑒：莫若恕其小過，成就大事，擱之以去其污，豈不爲長便乎？

【麻郎兒】秀才是文章魁首，姐姐是仕女班頭；一个通徹三教九流，一个曉盡描鸞刺繡。

【幺篇】世有、便休、罷手，大恩人怎做敵頭？起白馬將軍故友，斬飛虎叛賊草寇。

【絡絲娘】不爭和張解元參辰卯酉，便是與崔相國出乖弄醜。到底干連著自己骨肉，夫人索窮究。

〔夫人云〕這小賤人也道得是。我不合養了這个不肖之女。待經官呵，玷辱家門。罷罷！俺家無犯法之男，再婚之女，與了這廝罷。紅娘喚那賤人來！〔紅見旦云〕且喜姐姐，那棍子只是滴溜溜在我身上，吃我直說過了。我也怕不得許多，夫人如今喚你來，待成合親事。〔旦云〕羞人答答的，怎麽見夫人？〔紅云〕娘根前有甚麽羞？

【小桃紅】當日个月明才上柳梢頭，卻早人約黃昏後。羞得我腦背後將牙兒襯著衫兒袖。猛凝眸，看時節只見鞋底尖兒瘦。一个恣情的不休，一个啞聲兒廝耨。呸！那其間可怎生不害半星兒羞？

〔旦見夫人科〕〔夫人云〕鶯鶯，我怎生擡舉你來，今日做這等的勾當；只是我的孽障，待怨誰的是！我待經官來，辱沒了你父親，這等事不是俺相國人家的勾當。罷罷罷！誰似俺養女的不長進！紅娘，書房裏喚將那禽獸來！〔紅喚末科〕〔末云〕小娘子喚小生做甚麽？〔紅云〕你的事發了也，如今夫人喚你來，將小姐配與你哩。小姐先招了也，你過去。〔末云〕小生惶恐，如何見老夫人？當初誰在老夫人行說來？〔紅云〕休佯小心，過去便了。

【小桃紅】既然泄漏怎干休？是我相投首。俺家裏陪酒陪茶倒撋就。你休愁，何須約定通媒媾？我棄了部署不收，你原來「苗而不秀」。呸！你是个銀樣鑞槍頭。

〔末見夫人科〕〔夫人云〕好秀才呵，豈不聞「非先王之德行不敢行」。我待送你去官司裏去來，恐辱沒了俺家譜。我如今將鶯鶯與你爲妻，只是俺三輩兒不招白衣女婿，你明日便上朝取應去。我與你養著媳婦，得官呵，來見我；駁落呵，休來見我。

〔紅云〕張生早則喜也。

【東原樂】相思事，一筆勾，早則展放從前眉兒皺。美愛幽歡恰動頭。既能够，張生，你覷兀的般可喜娘龐兒也要人消受。

〔夫人云〕明日收拾行裝，安排果酒，請長老一同送張生到十里長亭去。〔旦念〕寄語西河堤畔柳，安排青眼送行人。〔同夫人下〕

〔紅唱〕

【收尾】來時節畫堂簫鼓鳴春晝，列著一對兒鸞交鳳友。那其間才受你說媒紅，方吃你謝親酒。〔並下〕

第三折

〔夫人長老上云〕今日送張生赴京，十里長亭，安排下筵席。我和長老先行，不見張生小姐來到。〔旦、末、紅同上〕〔旦云〕今日送張生上朝取應，早是離人傷感，況值那暮秋天氣，好煩惱人也呵！「悲歡聚散一杯酒，南北東西萬里程。」

【正宮】【端正好】碧雲天，黃花地，西風緊，北雁南飛。曉來誰染霜林醉？總是離人淚。

【滾繡球】恨相見得遲，怨歸去得疾。柳絲長玉驄難繫，恨不倩疏林挂住斜暉。馬兒迍迍的行，車兒快快的隨，卻告了相思迴避，

破題兒又早別離。聽得道一聲去也，鬆了金釧；遙望見十里長亭，減了玉肌：此恨誰知？

〔紅云〕姐姐今日怎麼不打扮？〔旦云〕你那知我的心裏呵？

【叨叨令】見安排著車兒、馬兒，不由人熬熬煎煎的氣；有甚麼心情花兒、靨兒，打扮得嬌嬌滴滴的媚；准備著被兒、枕兒，只索昏昏沉沉的睡；從今後衫兒、袖兒，都揾做重重疊疊的淚。兀的不悶殺人也麼哥？兀的不悶殺人也麼哥？久已後書兒、信兒，索與我恓恓惶惶的寄。

〔做到〕〔見夫人科〕〔夫人云〕張生和長老坐，小姐這壁坐，紅娘將酒來。張生，你向前來，是自家親眷，不要迴避。俺今日將鶯鶯與你，到京師休辱沒了俺孩兒，掙揣一个狀元回來者。〔末云〕小生托夫人餘蔭，憑著胸中之才，視官如拾芥耳。

〔潔云〕夫人主見不差，張生不是落後的人。〔把酒了，坐〕〔旦長吁科〕

【脫布衫】下西風黃葉紛飛，染寒煙衰草萋迷。酒席上斜簽著坐的，蹙愁眉死臨侵地。

【小梁州】我見他閣淚汪汪不敢垂，恐怕人知；猛然見了把頭低，長吁氣，推整素羅衣。

【幺篇】雖然久後成佳配，奈時間怎不悲啼。意似癡，心如醉，昨宵今日，清減了小腰圍。

〔夫人云〕小姐把盞者！〔紅遞酒，旦把盞長吁科云〕請吃酒！

【上小樓】合歡未已，離愁相繼。想著俺前暮私情，昨夜成親，今日別離。我諗知這幾日相思滋味，卻原來比別離情更增十倍。

【幺篇】年少呵輕遠別，情薄呵易棄擲。全不想腿兒相挨，臉兒相偎，手兒相攜。你與俺崔相國做女婿，妻榮夫貴，但得一个並頭蓮，煞強如狀元及第。

〔夫人云〕紅娘把盞者！〔紅把酒科〕〔旦唱〕

【滿庭芳】供食太急，須臾對面，頃刻別離。若不是酒席間子母們當迴避，有心待與他舉案齊眉。雖然是廝守得一時半刻，也合著俺夫妻們共桌而食。眼底空留意，尋思起就裏，險化做望夫石。

〔紅云〕姐姐不曾吃早飯，飲一口兒湯水。〔旦云〕紅娘，甚麼湯水嚥得下！

【快活三】將來的酒共食，嘗着似土和泥。假若便是土和泥，也有些土氣息，泥滋味。

【朝天子】煖溶溶玉醅，白泠泠似水，多半是相思淚。眼面前茶飯怕不待要吃，恨塞滿愁腸胃。「蝸角虛名，蠅頭微利」，拆鴛鴦在兩下裏。一个這壁，一个那壁，一遞一聲長吁氣。

〔夫人云〕輛起車兒，俺先回去，小姐隨後和紅娘來。〔下〕〔末辭潔科〕〔潔云〕此一行別無話兒，貧僧准備買登科録看，做親的茶飯少不得貧僧的。先生在意，鞍馬上保重者！從今經懺無心禮，專聽春雷第一聲。〔下〕〔旦唱〕

【四邊靜】霎時間杯盤狼籍，車兒投東，馬兒向西，兩意徘徊，落日山橫翠。知他今宵宿在那裏？有夢也難尋覓。

張生，此一行得官不得官，疾便回來。〔末云〕小生這一去白奪一个狀元，正是「青霄有路終須到，金榜無名誓不歸」。〔旦云〕君行別無所贈，口占一絕，爲君送行：「棄擲今何在，當時且自親。還將舊來意，憐取眼前人。」〔末云〕小姐之意差矣，張珙更敢憐誰？謹賡一絕，以剖寸心：「人生長遠別，孰與最關親？不遇知音者，誰憐長嘆人？」〔旦唱〕

【耍孩兒】淋漓襟袖啼紅淚，比司馬青衫更濕。伯勞東去燕西飛，未登程先問歸期。雖然眼底人千里，且盡生前酒一杯。未飲心先醉，眼中流血，心内成灰。

【五煞】到京師服水土，趁程途節飲食，順時自保揣身體。荒村雨露宜眠早，野店風霜要起遲！鞍馬秋風裏，最難調護，最要扶持。

【四煞】這憂愁訴與誰？相思只自知，老天不管人憔悴。淚添九曲黄河溢，恨壓三峯華岳低。到晚來悶把西樓倚，見了些夕陽古道，衰柳長堤。

【三煞】笑吟吟一處來，哭啼啼獨自歸。歸家若到羅幃裏，昨宵个繡衾香暖留春住，今夜个翠被生寒有夢知。留戀你別無意，見據鞍上馬，閣不住淚眼愁眉。

〔末云〕有甚言語囑咐小生咱？〔旦唱〕

【二煞】你休憂「文齊福不齊」，我只怕你「停妻再娶妻」。休要「一春魚雁無消息」！我這裏青鸞有信頻須寄，你卻休「金榜無名誓不歸」。此一節君須記，若見了那異鄉花草，再休似此處棲遲。

〔末云〕再誰似小姐？小生又生此念？〔旦唱〕

【一煞】青山隔送行，疏林不做美，淡煙暮靄相遮蔽。夕陽古道無人語，禾黍秋風聽馬嘶。我爲甚麽懶上車兒内，來時甚急，去後何遲？

〔紅云〕夫人去好一會，姐姐，咱家去！〔旦唱〕

【收尾】四圍山色中，一鞭殘照裏。遍人間煩惱填胸臆，量這些大小車兒如何載得起？

〔旦、紅下〕〔末云〕僕童趕早行一程兒，早尋个宿處。淚隨流水急，愁逐野雲飛。〔下〕

第四折

〔末引僕騎馬上開〕離了蒲東早三十里也。兀的前面是草橋，店裏宿一宵，明日趕早行。這馬百般兒不肯走。「行色一鞭催去馬，羈愁萬斛引新詩。」

【雙調】【新水令】望蒲東蕭寺暮雲遮，慘離情半林黄葉。馬遲人意懶，風急雁行斜。離恨重疊，破題兒第一夜。

想著昨日受用，誰知今日淒涼？

【步步嬌】昨夜个翠被香濃熏蘭麝，欹珊枕把身軀兒趄。臉兒廝揾者，仔細端詳，可憎的別。鋪雲鬢玉梳斜，恰便似半吐初生月。

早到也，店小二哥那裏？〔小二哥上云〕官人，俺這頭房裏下。〔末云〕琴童接了馬者！點上燈，我諸般不要吃，只要睡些兒。

〔僕云〕小人也辛苦，待歇息也。〔在床前打鋪做睡科〕〔末云〕今夜甚睡得到我眼裏來也！

【落梅風】旅館欹單枕，秋蛩鳴四野，助人愁的是紙窗兒風裂。乍孤眠被兒薄又怯，冷清清幾時温熱！

〔末睡科〕〔旦上云〕長亭畔別了張生，好生放心不下。老夫人和梅香都睡了，我私奔出城，趕上和他同去。

【喬木查】走荒郊曠野，把不住心嬌怯，喘吁吁難將兩氣接。疾忙趕上者，打草驚蛇。

【攪箏琶】他把我心腸扯，因此不避路途賒。瞞過俺能拘管的夫人，穩住俺廝齊攢的侍妾。想著他臨上馬痛傷嗟，哭得我也似癡呆。不是我心邪，自別離已後，到西日初斜，愁得來陡峻，瘦得來嗶嗻。只離得半个日頭，卻早又寬掩過翠裙三四褶，誰曾經這般磨滅？

【錦上花】有限姻緣，方才寧貼；無奈功名，使人離缺。害不了的愁懷，恰才覺些；撇不下的相思，如今又也。

【幺篇】清霜淨碧波，白露下黄葉。下下高高，道路曲折；四野風來，左右亂踅。我這裏奔馳，他何處困歇？

【清江引】呆答孩店房兒裏沒話說，悶對如年夜。暮雨催寒蛩，曉風吹殘月，今宵酒醒何處也？

〔旦云〕在這个店兒裏，不免敲門。〔末云〕誰敲門哩？是一个女人的聲音。我且開門看咱，這早晚是誰？

【慶宣和】是人呵疾忙快分說，是鬼呵合速滅。

〔旦云〕是我。老夫人睡了，想你去了呵，幾時再得見，特來和你同去。〔末唱〕

聽說罷將香羅袖兒拽，卻原來是姐姐、姐姐。

難得小姐的心勤！

【喬牌兒】你是爲人須爲徹，將衣袂不藉。繡鞋兒被露水泥沾惹，脚心兒管踏破也。

〔旦云〕我爲足下呵，顧不得迢遞。〔旦唧唧了〕

【甜水令】想著你廢寢忘餐，香消玉減，花開花謝，猶自覺爭些；便枕冷衾寒，鳳隻鸞孤，月圓雲遮，尋思來有甚傷嗟。

【折桂令】想人生最苦離別，可憐見千里關山，獨自跋涉。似這般割肚牽腸，倒不如義斷恩絕。雖然是一時間花殘月缺，休猜做瓶墜簪折。不戀豪傑，不羨驕奢；自願的生則同衾，死則同穴。

〔末云〕卻怎了？〔旦云〕你近後，我自開門對他說。

〔外淨一行扮卒子上叫云〕恰才見一女子渡河，不知那裏去了？打起火把者，分明見他走在這店中去也，將出來！將出來！

【水仙子】硬圍著普救寺下鍬钁，強當住咽喉仗劍鉞。賊心腸饞眼腦天生得劣。

〔卒子云〕你是誰家女子，夤夜渡河？〔旦唱〕

休言語，靠後些！杜將軍你知道他是英傑，覷一覷著你爲了醯醬，指一指教你化做膋血。騎著匹白馬來也。

〔卒子搶旦下〕〔末驚覺云〕呀，原來卻是夢裏。且將門兒推開看。只見一天露氣，滿地霜華，曉星初上，殘月猶明。無端燕鵲高枝上，一枕鴛鴦夢不成！

【雁兒落】綠依依墻高柳半遮，靜悄悄門掩清秋夜。疏剌剌林梢落葉風，昏慘慘雲際穿窗月。

【得勝令】驚覺我的是顫巍巍竹影走龍蛇，虛飄飄莊周夢蝴蝶，絮叨叨促織兒無休歇，韻悠悠砧聲兒不斷絕。痛煞煞傷別，急煎煎好夢兒應難捨；冷清清的咨嗟，嬌滴滴玉人兒何處也！

〔僕云〕天明也。咱早行一程兒，前面打火去。〔末云〕店小二哥，還你房錢，鞴了馬者。

【鴛鴦煞】柳絲長咫尺情牽惹，水聲幽彷彿人嗚咽。斜月殘燈，半明不滅。暢道是舊恨連綿，新愁鬱結，別恨離愁，滿肺腑難淘瀉。除紙筆代喉舌，千種相思對誰說。〔並下〕

【絡絲娘煞尾】都只爲一官半職，阻隔得千山萬水。

題目　小紅娘成好事　老夫人問私情

正名　短長亭斟別酒　草橋店夢鶯鶯

第五本　張君瑞慶團圞雜劇

楔子

〔末引僕人上開云〕自暮秋與小姐相別，倏經半載之際。托賴祖宗之蔭，一舉及第，得了頭名狀元。如今在客館聽候聖旨御筆除授，惟恐小姐掛念，且修一封書，令琴童家去，達知夫人，便知小生得中，以安其心。琴童過來，你將文房四寶來，我寫就家書一封，與我星夜到河中府去。見小姐時說：「官人怕娘子憂，特地先著小人將書來。」即忙接了回書來者。過日月好疾也呵！

【仙呂】【賞花時】相見時紅雨紛紛點綠苔，別離後黃葉蕭蕭凝暮靄。今日見梅開，別離半載。

琴童，我囑付你的言語記著！

只說道特地寄書來。〔下〕

〔僕云〕得了這書，星夜望河中府走一遭。〔下〕

第一折

〔旦引紅娘上開云〕自張生去京師，不覺半年，杳無音信。這些時神思不快，妝鏡懶擡，腰肢瘦損，茜裙寬褪，好煩惱人也呵！

【商調】【集賢賓】雖離了我眼前，卻在心上有；不甫能離了心上，又早眉頭。忘了時依然還又，惡思量無了無休。大都來一寸眉峯，怎當他許多顰皺。新愁近來接著舊愁，廝混了難分新舊。舊愁似太行山隱隱，新愁似天塹水悠悠。

〔紅云〕姐姐往常針尖不倒，其實不曾閑了一个繡床，如今百般的悶倦。往常也曾不快，將息便可，不似這一場清減得十分利害。

〔旦唱〕

【逍遙樂】曾經消瘦，每遍猶閑，這番最陡。

〔紅云〕姐姐心兒悶呵，那裏散心耍咱。〔旦唱〕

何處忘憂？看時節獨上妝樓，手卷珠簾上玉鉤，空目斷山明水秀，見蒼煙迷時樹，衰草連天，野渡橫舟。

〔旦云〕紅娘，我這衣裳這些時都不似我穿的。〔紅云〕姐姐正是「腰細不勝衣」。〔旦唱〕

【挂金索】裙染榴花，睡損胭脂皺；紐結丁香，掩過芙蓉扣；綫脫珍珠，淚濕香羅袖；楊柳眉顰，「人比黃花瘦」。

〔僕人上云〕奉相公言語，特將書來與小姐。恰才前廳上見了夫人，夫人好生歡喜，著入來見小姐。早至後堂。〔咳嗽科〕〔紅問云〕誰在外面？〔見科〕〔紅見僕了〕〔紅笑云〕你幾時來？可知道「昨夜燈花報，今朝喜鵲噪。」姐姐正煩惱哩，你自來？和哥哥來？〔僕云〕哥哥得了官也，著我寄書來。〔紅云〕你只在這裏等著，我對俺姐姐說了呵，你進來。〔紅見旦笑科〕〔旦云〕這小妮子怎麼？〔紅云〕姐姐，大喜大喜，咱姐夫得了官也。〔旦云〕這妮子見我悶呵，特故哄我。〔紅云〕琴童在門首，見了夫人了，使他進來見姐姐，姐夫有書。〔旦云〕慚愧，我也有盼著他的日頭，喚他入來。〔僕入見旦科〕〔旦云〕琴童，你幾時離京師？〔僕云〕離京一月多也，我來時哥哥去吃遊街棍子去了。〔旦云〕這禽獸不省得，狀元喚做誇官，遊街三日。〔僕云〕夫人說的便是，有書在此。〔旦做接書科〕

【金菊花】早是我只因他去減了風流，不爭你寄得書來又與我添些兒證候。說來的話兒不應口，無語低頭，書在手，淚凝眸。

〔旦開書看科〕

【醋葫蘆】我這裏開時和淚開，他那裏修時和淚修，多管擱著筆尖兒未寫早淚先流，寄來的書淚點兒兀自有。我將這新痕把舊痕湮透。正是一重愁翻做兩重愁。

〔旦念書科〕「張珙百拜奉啓芳卿可人妝次：自暮秋拜違，倏爾半載。上賴祖宗之蔭，下托賢妻之德，舉中甲第。即日於招賢館寄跡，以伺聖旨御筆除授。惟恐夫人與賢妻憂念，特令琴童奉書馳報，庶幾免慮。小生身雖遙而心常邇矣，恨不得鶼鶼比翼，邛邛並軀。重功名而薄恩愛者，誠有淺見貪饕之罪。他日面會，自當請謝不備。後成一絕，以奉清照：玉京仙府探花郎，寄語蒲東窈窕娘，指日拜恩衣晝錦，定須休作倚門妝。」

【幺篇】當日向西廂月底潛，今日向瓊林宴上搊。誰承望東墻脚步兒占了鰲頭，怎想道惜花心養成折桂手，脂粉叢裏包藏著錦繡！從今後晚妝樓改做了至公樓。

〔旦云〕你吃飯不曾？〔僕云〕上告夫人知道，早晨至今，空立廳前，那有飯吃。〔旦云〕紅娘，你快取飯與他吃。〔僕云〕感蒙賞賜，我們就此吃飯。夫人寫書，哥哥著小人索了夫人回書，至緊，至緊！〔旦云〕紅娘將筆硯來。〔紅將來科〕〔旦云〕書卻寫了，無可表意，只有汗衫一領，裹肚一條，襪兒一雙，瑤琴一張，玉簪一枚，斑管一枝。琴童，你收拾得好者。紅娘取銀十兩來，就與他盤纏。〔紅娘云〕姐夫得了官，豈無這幾件東西，寄與他有甚緣故？〔旦云〕你不知道。這汗衫兒呀，

【梧葉兒】他若是和衣臥，便是和我一處宿；但黏著他皮肉，不信不想我溫柔。

〔紅云〕這裹肚要怎麼？〔旦唱〕

常則不要離了前後，守著他左右，緊緊的系在心頭。

〔紅云〕這襪兒如何？〔旦唱〕

拘管他胡行亂走。

〔紅云〕這琴他那裏自有，又將去怎麼？〔旦唱〕

【後庭花】當日五言詩緊趁逐，後來因七絃琴成配偶。他怎肯冷落了詩中意，我只怕生疏了絃上手。

〔紅云〕玉簪呵，有甚主意？〔旦唱〕

我須有個緣由，他如今功名成就，只怕他撇人在腦背後。

〔紅云〕斑管要怎的？〔旦唱〕

湘江兩岸秋，當日娥皇因虞舜愁，今日鶯鶯爲君瑞憂。這九嶷山下竹，共香羅衫袖口——

【青哥兒】都一般啼痕湮透。似這等淚斑宛然依舊，萬古情緣一樣愁。涕淚交流，怨慕難收，對學士叮嚀說緣由，是必休忘舊！

〔旦云〕琴童，這東西收拾好者。〔僕云〕理會得。〔旦唱〕

【醋葫蘆】你逐宵野店上宿，休將包袱做枕頭，怕油脂膩展汙了恐難酬。倘或水侵雨濕休便扭，我只怕乾時節熨不開褶皺。一樁樁一件件細收留。

【金菊花】書封雁足此時修，情繫人心早晚休？長安望來天際頭，倚遍西樓，「人不見，水空流。」

〔僕云〕小人拜辭，即便去也。〔旦云〕琴童，你見官人對他說。〔僕云〕說甚麼？〔旦唱〕

【浪裏來煞】他那裏爲我愁，我這裏因他瘦。臨行時啜賺人的巧舌頭，指歸期約定九月九，不覺的過了小春時候。到如今「悔教夫婿覓封侯」。

〔僕云〕得了回書，星夜回俺哥哥話去。〔下〕

第二折

〔末上云〕「畫虎未成君莫笑，安排牙爪始驚人。」本是舉過便除，奉聖旨著翰林院編修國史。他們那知我的心，甚麼文章做得成。使琴童遞佳音，不見回來。這幾日睡臥不寧，飲食少進，給假在驛亭中將息。早間太醫院著人來看視，下藥去了。我這病盧扁也醫不得。自離了小姐，無一日心閑也呵！

【中呂】【粉蝶兒】從到京師，思量心旦夕如是，向心頭橫躺著俺那鶯兒。請醫師，看診罷，一星星說是。本意待推辭，只被他察虛實不須看視。

【醉春風】他道是醫雜證有方術，治相思無藥餌。鶯鶯呵，你若是知我害相思，我甘心兒死、死。四海無家，一身客寄，半年將至。

〔僕上云〕我只道哥哥除了，原來在驛亭中抱病，須索回書去咱。〔見了科〕〔末云〕你回來了也。

【迎仙客】疑怪這噪花枝靈鵲兒，垂簾幕喜蛛兒，正應著短檠上夜來燈爆時。若不是斷腸詞，決定是斷腸詩。

〔僕云〕小夫人有書至此。〔末接科〕

寫時管情淚如絲，既不呵，怎生淚點兒封皮上漬。

〔末讀書科〕「薄命妾崔氏拜覆，敬奉才郎君瑞文几：自音容去後，不覺許時，仰敬之心，未嘗少怠。縱云日近長安遠，何故鱗鴻之杳矣。莫因花柳之心，棄妾恩情之意？正念間，琴童至，得見翰墨，始知中科，使妾喜之如狂。郎之才望，亦不辱相國之家譜也。今因琴童回，無以奉貢，聊布瑤琴一張，玉簪一枝，斑管一枚，裹肚一條，汗衫一領，襪兒一雙，權表妾之真誠。匆匆草字欠恭，伏乞情恕不備。謹依來韻，遂繼一絕云：「闌干倚遍盼才郎，莫戀辰京黃四娘；病裏得書如中甲，窗前覽鏡試新妝。」那風風流流的姐姐，似這等女子，張珙死也死得著了。

【上小樓】這的堪爲字史，當爲款識。有柳骨顏筋，張旭張顛，羲之獻之。此一時，彼一時，佳人才思，俺鶯鶯世間無二。

【幺篇】俺做經咒般持，符籙般使。高似金章，重似金帛，貴似金貲。這上面若簽个押字，使个令史，差个勾使，只是一張忙不及印赴期的咨示。

〔末拿汗衫兒科〕休道文章，只看他這針指，人間少有。

【滿庭芳】怎不教張生愛爾，堪針工出色，女教爲師。幾千般用意針針是，可索尋思。長共短又沒个樣子，窄和寬想象著腰肢，好共歹無人試。想當初做時，用煞那小心兒。

小姐寄來這幾件東西，都有緣故，一件件我都猜著。

【白鶴子】這琴，他教我閉門學禁指，留意譜聲詩，調養聖賢心，洗蕩巢由耳。

【二煞】這玉簪，纖長如竹筍，細白似蔥枝，溫潤有清香，瑩潔無瑕玼。

【三煞】這斑管，霜枝曾棲鳳凰，淚點漬胭脂，當時舜帝慟娥皇，今日淑女思君子。

【四煞】這裹肚，手中一葉綿，燈下幾回絲，表出腹中愁，果稱心間事。

【五煞】這鞋襪兒，針脚兒細似蟣子，絹帛兒膩似鵝脂，既知禮不胡行，願足下當如此。

琴童，你臨行小夫人對你說甚麼？〔僕云〕著哥哥休別繼良姻。〔末云〕小姐，你尚然不知我的心哩。

【快活三】冷清清客店兒，風淅淅雨絲絲，雨兒零，風兒細，夢迴時，多少傷心事。

【朝天子】四肢不能動止，急切裏盼不到蒲東寺。小夫人須是你見時，別有甚閑傳示？我是个浪子官人，風流學士，怎肯去帶殘花折舊枝。自思、到此，甚的是閑街市。

【賀聖朝】少甚宰相人家，招婿的嬌姿。其間或有个人兒似爾，那裏取那溫柔，這般才思？想鶯鶯意兒，怎不教人夢想眠思？

琴童，將這衣裳東西收拾好者。

【耍孩兒】只在書房中傾倒个藤箱子，向箱子裏面鋪幾張紙。放時節須索用心思，休教藤刺兒抓住綿絲。高擡在衣架上怕吹了顏色，

亂裏在包袱中恐剉了褶兒。當如此，切須愛護，勿得因而。

【二煞】恰新婚，才燕爾，爲功名來到此。長安憶念蒲東寺。昨宵个春風桃李花開夜，今日个秋雨梧桐葉落時。愁如是，身遙心邇，坐想行思。

【三煞】這天高地厚情，直到海枯石爛時，此時作念何時止？直到燭灰眼下才無淚，蠶老心中罷卻絲。我不比遊蕩輕薄子，輕夫婦的琴瑟，拆鸞鳳的雄雌。

【四煞】不聞黃犬音，難傳紅葉詩，驛長不遇梅花使，孤身去國三千里，一日歸必十二時。憑欄視，聽江聲浩蕩，看山色參差。

【尾】憂只憂我在病中，喜只喜你來到此。投至得引人魂卓氏音書至，險將這害鬼病的相如盼望死。〔下〕

第三折

〔淨扮鄭恒上開云〕自家姓鄭名恒，字伯常。先人拜禮部尚書，不幸早喪。後數年，又喪母。先人在時曾定下俺姑娘的女孩兒鶯鶯爲妻，不想姑夫亡化，鶯鶯孝服未滿，不曾成親。俺姑娘將著這靈櫬，引著鶯鶯，回博陵下葬，爲因路阻，不能得去。數月前寫書來喚我同扶柩去。因家中無人，來得遲了。我離京師，來到河中府，打聽得孫飛虎欲擄鶯鶯爲妻，得一个張君瑞退了賊兵，俺姑娘許了他。我如今到這裏，沒這个消息，便好去見他；既有這个消息，我便撞將去呵，沒意思。這一件事都在紅娘身上，我著人去喚他。只說「哥哥從京師來，不敢來見姑娘，著紅娘來下處來，有話去對姑娘行說去」。去的人好一會了，不見來。見姑娘和他有話說。〔紅上云〕鄭恒哥哥在下處，不來見夫人，卻喚我說話。夫人著我來，看他說甚麼。〔見淨科〕哥哥萬福！夫人道哥哥來到呵，怎麼不來家裏來？〔淨云〕我有甚顏色見姑娘？我喚你來的緣故是怎生？當日姑夫在時，曾許下這門親事；我今番到這裏，姑夫孝已滿了，特地央及你去夫人行說知，揀一个吉日，了這件事，好和小姐一答裏下葬去。不爭不成合，一答裏路上難廝見。若說得肯呵，我重重的相謝你。〔紅云〕這一節話再也休題，鶯鶯已與了別人了也。〔淨云〕道不得「一馬不跨雙鞍」，可怎生父在時曾許了我，父喪之後，母倒悔親？這个道理那裏有？〔紅云〕卻非如此說。當日孫飛虎將半萬賊兵來時，哥哥你在那裏？若不是那生呵，那裏得俺一家兒來？今日太平無事，卻來爭親；倘被賊人擄去呵，哥哥如何去爭？〔淨云〕與了一个富家，也不枉了，卻與了這个窮酸餓醋。偏我不如他？我仁者能仁、身裏出身的根脚，又是親上做親，況兼他父命。〔紅云〕他倒不如你，噤聲！

【越調】【鬬鵪鶉】賣弄你仁者能仁，倚仗你身裏出身；至如你官上加官，也不合親上做親。又不曾執羔雁邀媒，獻幣帛問肯。恰洗了塵，便待要過門；枉腌了他金屋銀屏，枉汚了他錦衾繡裀。

【紫花兒序】枉蠢了他梳雲掠月，枉羞了他惜玉憐香，枉村了他殢雨尤雲。當日三才始判，兩儀初分；乾坤：清者爲乾，濁者爲坤，人在中間相混。君瑞是君子清賢，鄭恒是小人濁民。

〔淨云〕賊來怎地他一个人退得？都是胡說！〔紅云〕我對你說。

【天淨沙】看河橋飛虎將軍，叛蒲東擄掠人民，半萬賊屯合寺門，手橫著霜刃，高叫道要鶯鶯做壓寨夫人。

〔淨云〕半萬賊兵，他一个人濟甚麼事？〔紅云〕賊圍之甚迫，夫人慌了，和長老商議，拍手高叫：「兩廊不問僧俗，如退得賊兵的，便將鶯鶯與他爲妻。」忽有遊客張生，應聲而前曰：「我有退兵之策，何不問我？」夫人大喜，就問：「其計何在？」生云：「我有一故人白馬將軍，現統十萬之衆，鎮守蒲關。我修書一封，著人寄去，必來救我。」不想書至兵來，其困即解。

【小桃紅】洛陽才子善屬文，火急修書信。白馬將軍到時分，滅了煙塵。夫人小姐都心順，則爲他「威而不猛」，「言而有信」，因此上「不敢慢於人」。

〔淨云〕我自來未嘗聞其名，知他會也不會。你這个小妮子，賣弄他偌多！〔紅云〕便又罵我，

【金蕉葉】他憑著講性理齊論魯論，作詞賦韓文柳文，他識道理爲人敬人，掩家裏有信行知恩報恩。

【調笑令】你值一分，他值百分，螢火焉能比月輪？高低遠近都休論，我拆白道字辨與你个清渾。

〔淨云〕這小妮子省得甚麼拆白道字，你拆與我聽。〔紅唱〕

君端是个「肖」字這壁著个「立人」，你是个「木寸」「馬戶」「尸巾」。

〔淨云〕木寸、馬戶、尸巾——你道我是个「村驢屌」。我祖代是相國之門，到不如你个白衣、餓夫、窮士！做官的只是做官。

〔紅唱〕

【禿廝兒】他憑師友君子務本，你倚父兄仗勢欺人。虀鹽日月不嫌貧，治百姓新民、傳聞。

【聖藥王】這廝喬議論，有向順。你道是官人只合做官人，信口噴，不本分。你道窮民到老是窮民，卻不道「將相出寒門」。

〔淨云〕這樁事都是那長老禿驢弟子孩兒，我明日慢慢的和他說話。〔紅唱〕

【麻郎兒】他出家兒慈悲爲本，方便爲門。橫死眼不識好人，招禍口不知分寸。

〔淨云〕這是姑夫的遺留，我揀日牽羊擔酒上門去，看姑娘怎麼發落我。〔紅唱〕

【幺篇】訕筋，發村，使狠，甚的是軟款溫存。硬打捱強爲眷姻，不睹事強諧秦晉。

〔淨云〕姑娘若不肯，著二三十个伴儅，擡上轎子，到下處脫了衣裳，趕將來還你一个婆娘。〔紅唱〕

【絡絲娘】你須是鄭相國嫡親的舍人，須不是孫飛虎家生的莽軍。喬嘴臉、腌軀老、死身分，少不得有家難奔。

〔淨云〕兀的那小妮子，眼見得受了招安了也。我也不對你說，明日我要娶，我要娶。〔紅云〕不嫁你，不嫁你。

【收尾】佳人有意郎君俊，我待不喝采其實怎忍。

〔淨云〕你喝一聲我聽。〔紅笑云〕你這般頹嘴臉，

只好偷韓壽下風頭香，傅何郎左壁廂粉。〔下〕

〔淨脫衣科云〕這妮子擬定都和那酸丁演撒，我明日自上門去，見俺姑娘，只做不知。我只道張生贅在衛尚書家，做了女婿。俺姑娘最聽是非，他自小又愛我，必有話說。休說別个，只這一套衣服也衝動他。自小京師同住，慣會尋章摘句，姑夫許我成親，誰敢將言相拒。我若放起刁來，且看鶯鶯那去？「且將壓善欺良意，權作尤雲殢雨心」。〔下〕〔夫人上云〕夜來鄭恒至，不來見我，喚紅娘去問親事。據我的心只是與孩兒是；況兼相國在時已許下了，我便是違了先夫的言語。做我一个主家的不著，這廝每做下來。擬定只與鄭恒，他有言語，怪他不得也。料持下酒者，今日他敢來見我也。〔淨上云〕來到也，不索報覆，自入去見夫人。〔拜夫人哭科〕〔夫人云〕孩兒既來到這裏，怎麼不來見我？〔淨云〕小孩兒有甚嘴臉來見姑娘！〔夫人云〕鶯鶯爲孫飛虎一節，等你不來，無可解危，許張生也。〔淨云〕那个張生？敢便是狀元。我在京師看榜來，年紀有二十四五歲，洛陽張珙，誇官遊街三日。第二日頭答正來到衛尚書家門首，尚書的小姐十八歲也，結著彩樓，在那御街上，只一球正打著他。我也騎著馬看，險些打著我。他家粗使梅香十餘人，把那張生橫拖倒拽入去。他口叫道：「我自有妻，我是崔相國家女婿。」那尚書有權勢氣象，那裏聽，只管拖將入去了。這个卻才便是他本分，出於無奈，尚書說道：「我女奉聖旨結彩樓，你著崔小姐做次妻。他是先奸後娶的，不應娶他。」鬧動京師，因此認得他。〔夫人怒云〕我道這秀才不中擡舉，今日果然負了俺家。俺相國之家，世無與人做次妻之理。既然張生奉聖旨娶了妻，孩兒，你揀个吉日良辰，依著姑夫的言語，依舊入來做女婿者。

〔淨云〕倘或張生有言語，怎生？〔夫人云〕放著我哩，明日揀个吉日良辰，你便過門來。〔淨下云〕中了我的計策了，准備筵席、茶禮、花紅，剋日過門者。〔同下〕〔潔上云〕老僧昨日買登科記看來，張生頭名狀元，授著河中府尹。誰想老夫人沒主張，又許了鄭恒親事。老夫人不肯去接，我將著肴饌直至十里長亭接官走一遭。〔下〕〔杜將軍上云〕奉聖旨，著小官主兵蒲關，提調河中府事，上馬管軍，下馬管民。誰想君瑞兄弟一舉及第，正授河中府尹，不曾接得。眼見得在老夫人宅裏下，擬定乘此機會成親。小官牽羊擔酒直至老夫人宅上，一來慶賀狀元，二來就主親，與兄弟成此大事。左右那裏？將馬來，到河中府走一遭。〔下〕

第四折

〔夫人上云〕誰想張生負了俺家，去衛尚書家做女婿去，今日不負老相公遺言，還招鄭恒爲婿。今日好个日子，過門者，准備下筵席，鄭恒敢待來也。〔末上云〕小官奉聖旨，正授河中府尹。今日衣錦還鄉，小姐的金冠霞帔都將著，若見呵，雙手索送過去。誰想有今日也呵！「文章舊冠乾坤內，姓字新聞日月邊。」

【雙調】【新水令】玉鞭驕馬出皇都，暢風流玉堂人物。今朝三品職，昨日一寒儒。御筆親除，將名姓翰林註。

【駐馬聽】張珙如愚，酬志了三尺龍泉萬卷書；鶯鶯有福，穩請了五花官誥七香車。身榮難忘借僧居，愁來猶記題詩處。從應舉，夢魂兒不離了蒲東路。

〔末云〕接了馬者！〔見夫人科〕新狀元河中府尹婿張珙參見。〔夫人云〕休拜，休拜，你是奉聖旨的女婿，我怎消受得你拜？

〔末唱〕

【喬牌兒】我謹躬身問起居，夫人這慈色爲誰怒？我只見丫鬟使數都廝覷，莫不我身邊有甚事故？

〔末云〕小生去時，夫人親自餞行，喜不自勝。今日中選得官，夫人反行不悅，何也？〔夫人云〕你如今那裏想著俺家？道

不得个「靡不有初，鮮克有終」。我一个女孩兒，雖然妝殘貌陋，他父爲前朝相國。若非賊來，足下甚氣力到得俺家？今日一旦置之度外，卻於衛尚書家作婿，豈有是理？〔末云〕夫人聽誰說？若有此事，天不蓋，地不載，害老大小疔瘡！

【雁兒落】若說著《絲鞭仕女圖》，端的是塞滿章臺路。小生呵此間懷舊恩，怎肯別處尋親去？

【得勝令】豈不聞「君子斷其初」，我怎肯忘得有恩處？那一个賊畜生行嫉妒，走將來老夫人行廝間阻？不能夠嬌姝，早共晚施心數；說來的無徒，遲和疾上木驢。

〔夫人云〕是鄭恒說來，繡球兒打著馬了，做女婿也。你不信呵，喚紅娘來問。〔紅上云〕我巴不得見他，原來得官回來。慚愧，這是非對著也。〔末背問云〕紅娘，小姐好麼？〔紅云〕爲你別做了女婿，俺小姐依舊嫁了鄭恒也。〔末云〕有這般蹺蹊的事！

【慶東原】那裏有糞堆上長出連枝樹，淤泥中生出比目魚？不明白展污了姻緣簿？鶯鶯呵，你嫁个油炸猢猻的丈夫；紅娘呵，你伏侍个煙薰貓兒的姐夫；張生呵，你撞著个水浸老鼠的姨夫。這廝壞了風俗，傷了時務。

〔紅唱〕

【喬木查】妾前來拜覆，省可裏心頭怒！間別來安樂否？你那新夫人何處居？比俺姐姐是何如？

〔末云〕和你也葫蘆提了也。小生爲小姐受過的苦，諸人不知，瞞不得你。不甫能成親，焉有是理？

【攪箏琶】小生若求了媳婦，只目下便身殂。怎肯忘得待月迴廊，難撇下吹簫伴侶。受了些活地獄，下了些死工夫。不甫能得做妻夫，現將著夫人誥敕，縣君名稱，怎生待歡天喜地，兩隻手兒分付與。你剗地倒把人贓誣。

〔紅對夫人云〕我道張生不是這般人，只喚小姐出來自問他。〔叫旦科〕姐姐快來問張生，我不信他直恁般薄情。我見他呵，怒氣沖天，實有緣故。〔旦見末科〕〔末云〕小姐間別無恙？〔旦云〕先生萬福！〔紅云〕姐姐有的言語，和他說破。〔旦長吁云〕待說甚麼的是！

【沈醉東風】不見時准備著千言萬語，得相逢都變做短嘆長吁。他急攘攘卻才來，我羞答答怎生覷。將腹中愁恰待申訴，及至相逢一句也無。只道个「先生萬福」。

〔旦云〕張生，俺家何負足下？足下見棄妾身，去衛尚書家爲婿，此理安在？〔末云〕誰說來？〔旦云〕鄭恒在夫人行說來。

〔末云〕小姐如何聽這廝？張珙之心，惟天可表！

【落梅風】從離了蒲東路，來到京兆府，見个佳人世不曾回顧。硬揣个衛尚書家女孩兒爲了眷屬，曾見他影兒的也教滅門絕戶。

〔末云〕這一樁事都在紅娘身上，我只將言語傍著他，看他說甚麼。紅娘，我問人來，說道你與小姐將簡帖兒去喚鄭恒來。〔紅云〕癡人，我不合與你作成，你便看得我一般了。〔紅唱〕

【甜水令】君瑞先生，不索躊躇，何須憂慮。那廝本意糊塗；俺家世清白，祖宗賢良，相國名譽。我怎肯他根前寄簡傳書？

【折桂令】那吃敲才怕不口裏嚼蛆，那廝待數黑論黃，惡紫奪朱。俺姐姐更做道軟弱囊揣，怎嫁那不值錢人樣蝦胸。你个東君索與鶯鶯做主，怎肯將嫩枝柯折與樵夫，那廝本意囂虛，將足下虧圖，有口難言，氣夯破胸脯。

〔紅云〕張生，你若端的不曾做女婿呵，我去夫人根前一力保你。等那廝來，你和他兩个對證。〔紅見夫人云〕張生並不曾人家做女婿，都是鄭恒謊，等他兩个對證。〔夫人云〕既然他不曾呵，等鄭恒那廝來對證了呵，再做說話。〔潔上云〕誰想張生一舉成名，得了河中府尹，老僧一逕到夫人那裏慶賀。這門親事，幾時成就？當初也有老僧來，老夫人沒主張，便待要與鄭恒。若與了他，今日張生來卻怎生？〔潔見末敘寒溫科〕〔對夫人云〕夫人，今日卻知老僧說的是，張生決不是那一等沒行止的秀才。他如何敢忘了夫人，況兼杜將軍是證見，如何悔得他這親事？〔旦云〕張生，此一事必得杜將軍來方可。

【雁兒落】他曾笑孫龐真下愚，若是論賈馬非英物；正授著征西元帥府，兼領著陝右河中路。

【得勝令】是咱前者護身符，今日有權術。來時節定把先生助，決將賊子誅。他不識親疏，啜賺良人婦；你不辨賢愚，無毒不丈夫。

〔夫人云〕著小姐去臥房裏去者。〔旦、紅下〕〔杜將軍上云〕下官離了蒲關，到普救寺。第一來慶賀兄弟咱，第二來就與兄弟成就了這親事。〔末對將軍云〕小弟托兄長虎威，得中一舉。今者回來，本待做親，有夫人的侄兒鄭恒，來夫人行說道你兄弟在衛尚書家作贅了。夫人怒欲悔親，依舊要將鶯鶯與鄭恒，焉有此理？道不得个「烈女不更二夫」。〔將軍云〕此事夫人差矣。君瑞也是禮部尚書之子，況兼又得一舉。夫人世不招白衣秀士，今日反欲罷親，莫非理上不順？〔夫人云〕當初夫主在時，曾許下這廝，不想遇此一難，虧張生請將軍來殺退賊衆。老身不負前言，欲招他爲婿；不想鄭恒說道，他在衛尚書家做了女婿也，因此上我怒他，依舊許了鄭恒。〔將軍云〕他是賊心，可知道誹謗他。老夫人如何便信得他？〔淨上云〕

打扮得整整齊齊的，只等做女婿。今日好日頭，牽羊擔酒過門走一遭。〔末云〕鄭恒，你來怎麼？〔淨云〕苦也！聞知狀元回，特來賀喜。〔將軍云〕你這廝怎麼要誆騙良人的妻子，行不仁之事，我根前有甚麼話說？我奏聞朝廷，誅此賊子。〔末唱〕

【落梅風】你硬撞入桃源路，不言个誰是主，被東君把你个蜜蜂兒攔住。不信呵去那綠楊影裏聽杜宇，一聲聲道「不如歸去」。

〔將軍云〕那廝若不去呵，祇候拿下。〔淨云〕不必拿，小人自退親事與張生罷。〔夫人云〕相公息怒，趕出去便罷。〔淨云〕罷罷！要這性命怎麼，不如觸樹身死。妻子空爭不到頭，風流自古戀風流；「三寸氣在千般用，一日無常萬事休。」〔淨倒科〕

〔夫人云〕俺不曾逼死他，我是他親姑娘，他又無父母，我做主葬了者。著喚鶯鶯出來，今日做个慶喜的茶飯，著他兩口兒成合者。〔旦、紅上，末、旦拜科〕〔末唱〕

【沽美酒】門迎著駟馬車，戶列著八椒圖，娶了个四德三從宰相女，平生願足，托賴著衆親故。

【太平令】若不是大恩人拔刀相助，怎能够好夫妻似水如魚。得意也當時題柱，正酬了今生夫婦。自古、相女、配夫，新狀元花生滿路。

〔使臣上科〕〔末唱〕

【錦上花】四海無虞，皆稱臣庶；諸國來朝，萬歲山呼；行邁羲軒，德過舜禹；聖策神機，仁文義武。

【幺篇】朝中宰相賢，天下庶民富；萬里河清，五穀成熟；戶戶安居，處處樂土；鳳凰來儀，麒麟屢出。

【清江引】謝當今盛明唐聖主，敕賜爲夫婦。永老無別離，萬古常完聚，願普天下有情的都成了眷屬。

【隨尾】只因月底聯詩句，成就了怨女曠夫。顯得有志的狀元能，無情的鄭恒苦。〔下〕

題目　小琴童傳捷報　崔鶯鶯寄汗衫

正名　鄭伯常乾捨命　張君瑞慶團圞